# Herr, bleibe bei uns

## Segenswünsche und Gebete für jeden Tag

benno

**Bibliografische Information der Deutschen Nationalbibliothek**
Die Deutsche Nationalbibliothek verzeichnet diese Publikation in der Deutschen Nationalbibliografie; detaillierte bibliografische Daten sind im Internet über http://dnb.n-db.de abrufbar.

**Besuchen Sie uns im Internet:**
**www.st-benno.de**

Gern informieren wir Sie unverbindlich und aktuell auch in unserem Newsletter zum Verlagsprogramm, zu Neuerscheinungen und Aktionen. Einfach anmelden unter www.st-benno.de.

ISBN 978-3-7462-4460-0


Bearbeitet von Annegret Kokschal, Leipzig, und Robert Rothmann, Dresden
Umschlaggestaltung: Birq Design, Leipzig
Umschlagfoto: © Igor Zh./Shutterstock
Gesamtherstellung: Kontext, Lemsel (F)

# *Inhaltverzeichnis*

# *Gebete*

## *für den Tag, für das Jahr, für das Leben*

Täglich eine halbe Stunde
auf Gott zu horchen, ist wichtig,
außer wenn man sehr viel zu tun hat.
Dann ist eine ganze Stunde nötig.

*Franz von Sales*

Im Gebet sprechen wir zu Gott, unserem Vater, und zu Jesus Christus, unserem Bruder und Herrn. Wir kommen mit unseren Sorgen und Nöten, aber auch mit Freude und Dank zu Gott.
Auch Jesus hat oft zu seinem Vater gebetet. Er fordert auch uns auf, allezeit zu beten und darin nicht nachzulassen (Lk 18,1). Und so lehrte er seinen Jüngern das Vaterunser. Als »Gebet des Herrn« ist es zum verbindenden Gebet aller Christen geworden.
In den Du-Bitten enthält es das große Anliegen der Verherrlichung Gottes, die zugleich das Heil der Menschen bedeutet, und in den Wir-Bitten die Bitte um Beistand und Stütze in den inneren und äußeren Nöten der Menschen. So fasst es in kurzen Worten all die Anliegen zusammen, die im vorliegenden Buch auseinandergefaltet werden.
Eigentlich sollte uns dieses Gespräch mit Gott selbstverständlich sein und uns leicht fallen. Aber oft tun wir uns schwer, die richtigen Worte zu finden.
Das Gebetbuch ist kein Lesebuch, das Gott nur »vorgelesen« werden soll. Doch wo wir selbst sprachlos sind, uns das Aussprechen unserer Anliegen, die wir vor Gott bringen wollen, schwerfällt, soll es Anregung und Hilfe sein, aus unserer jeweiligen Situation heraus mit Gott zu sprechen, ihn um Hilfe und Beistand zu bitten und ihn dankbar zu loben.

*Annegret Kokschal*

# Allgemeine Gebete

## *Grundgebete*

### Zum Kreuzzeichen

Im Namen des Vaters
und des Sohnes und
des Heiligen Geistes.
Amen.

### Das Gebet des Herrn

Vater unser im Himmel,
geheiligt werde dein Name.
Dein Reich komme.
Dein Wille geschehe,
wie im Himmel so auf Erden.
Unser tägliches Brot gib uns heute.
Und vergib uns unsere Schuld,
wie auch wir vergeben unsern Schuldigern.
Und führe uns nicht in Versuchung,
sondern erlöse uns von dem Bösen.
Denn dein ist das Reich und die Kraft
und die Herrlichkeit in Ewigkeit.
Amen.

## Apostolisches Glaubensbekenntnis

Ich glaube an Gott,
den Vater, den Allmächtigen,
den Schöpfer des Himmels und der Erde,
und an Jesus Christus,
seinen eingeborenen Sohn, unsern Herrn,
empfangen durch den Heiligen Geist,
geboren von der Jungfrau Maria,
gelitten unter Pontius Pilatus,
gekreuzigt, gestorben und begraben,
hinabgestiegen in das Reich des Todes,
am dritten Tage auferstanden von den Toten,
aufgefahren in den Himmel;
er sitzt zur Rechten Gottes,
des allmächtigen Vaters;
von dort wird er kommen,
zu richten die Lebenden und die Toten.
Ich glaube an den Heiligen Geist,
die heilige katholische/christliche Kirche,
Gemeinschaft der Heiligen,
Vergebung der Sünden,
Auferstehung der Toten
und das ewige Leben.
Amen.

### Ave Maria

Gegrüßet seist du, Maria, voll der Gnade,
der Herr ist mit dir.
Du bist gebenedeit unter den Frauen,
und gebenedeit ist die Frucht deines Leibes, Jesus.
Heilige Maria, Mutter Gottes,
bitte für uns Sünder
jetzt und in der Stunde unseres Todes.
Amen.

## *Lob und Preis Gottes*

Ehre sei dem Vater und dem Sohn und dem Heiligen Geist, wie im Anfang, so auch jetzt und allezeit und in Ewigkeit. Amen.

Alles, was atmet, lobe den Herrn.

Preiset den Herrn zu aller Zeit, denn er ist gut.

# *Heilige Messe und Gottesdienst*

## Allgemeines Schuldbekenntnis

Ich bekenne Gott, dem Allmächtigen,
und allen Brüdern und Schwestern,
dass ich Gutes unterlassen und Böses getan habe.
Ich habe gesündigt
in Gedanken, Worten und Werken
durch meine Schuld, durch meine Schuld,
durch meine große Schuld.
Darum bitte ich die selige Jungfrau Maria,
alle Engel und Heiligen
und euch, Brüder und Schwestern,
für mich zu beten bei Gott, unserem Herrn.

## Gloria

Ehre sei Gott in der Höhe
und Friede auf Erden
den Menschen seiner Gnade.
Wir loben dich,
wir preisen dich,
wir beten dich an,
wir rühmen dich und danken dir,
denn groß ist deine Herrlichkeit:
Herr und Gott, König des Himmels,
Gott und Vater, Herrscher über das All,

Herr, eingeborener Sohn, Jesus Christus.
Herr und Gott, Lamm Gottes, Sohn des Vaters,
du nimmst hinweg die Sünde der Welt:
erbarme dich unser;
du nimmst hinweg die Sünde der Welt:
nimm an unser Gebet;
du sitzest zur Rechten des Vaters:
erbarme dich unser.
Denn du allein bist der Heilige,
du allein der Herr,
du allein der Höchste:
Jesus Christus,
mit dem Heiligen Geist,
zur Ehre Gottes des Vaters.
Amen.

**Credo**
*(Das Große Glaubensbekenntnis von Nizäa-Konstantinopel aus dem Jahre 381)*

Wir glauben an den einen Gott,
den Vater, den Allmächtigen,
der alles geschaffen hat, Himmel und Erde,
die sichtbare und die unsichtbare Welt.
Und an den einen Herrn Jesus Christus,
Gottes eingeborenen Sohn,
aus dem Vater geboren vor aller Zeit:
Gott von Gott, Licht vom Licht,
wahrer Gott vom wahren Gott,

gezeugt, nicht geschaffen,
eines Wesens mit dem Vater;
durch ihn ist alles geschaffen.
Für uns Menschen und zu unserem Heil
ist er vom Himmel gekommen,
hat Fleisch angenommen durch den Heiligen Geist
von der Jungfrau Maria
und ist Mensch geworden.
Er wurde für uns gekreuzigt
unter Pontius Pilatus,
hat gelitten und ist begraben worden,
ist am dritten Tage auferstanden nach der Schrift
und aufgefahren in den Himmel.
Er sitzt zur Rechten des Vaters
und wird wiederkommen in Herrlichkeit,
zu richten die Lebenden und die Toten;
seiner Herrschaft wird kein Ende sein.
Wir glauben an den Heiligen Geist,
der Herr ist und lebendig macht,
der aus dem Vater und dem Sohn hervorgeht,
der mit dem Vater und dem Sohn
angebetet und verherrlicht wird,
der gesprochen hat durch die Propheten,
und die eine, heilige, katholische/allgemeine
und apostolische Kirche.
Wir bekennen die eine Taufe
zur Vergebung der Sünden.
Wir erwarten die Auferstehung der Toten
und das Leben der kommenden Welt.
Amen.

## Sanctus

Heilig, heilig, heilig
Gott, Herr aller Mächte und Gewalten.
Erfüllt sind Himmel und Erde
von deiner Herrlichkeit.
Hosanna in der Höhe.
Hochgelobt sei,
der da kommt im Namen des Herrn.
Hosanna in der Höhe.

## Agnus Dei

Lamm Gottes, du nimmst hinweg die Sünde der Welt: erbarme dich unser.
Lamm Gottes, du nimmst hinweg die Sünde der Welt: erbarme dich unser.
Lamm Gottes, du nimmst hinweg die Sünde der Welt: gib uns deinen Frieden.

# *Christusgebete*

## Immerwährendes Jesusgebet

Herr Jesus Christus, erbarme dich meiner.
Herr Jesus Christus, Sohn Gottes, erbarme dich unser.

Jesus, dir leb ich; Jesus, dir sterb ich;
Jesus, dein bin ich tot, und lebendig.

Herr Jesus Christus,
du hast mich berufen,
dass ich mit dir zum Vater gehe.
Mit dir will ich allzeit auf dem Wege bleiben.
Sei das Wort,
auf das ich höre und dem ich folge.
Sei das Licht,
das mich erleuchtet.
Sei die Kraft,
die mich erfüllt.
Sei der Beistand,
der mich nicht verlässt.
Mach mich vollkommen eins mit dir
und lass mich zur ewigen Vollendung gelangen.

## *Mariengebete*

### Salve Regina

Sei gegrüßt, o Königin, Mutter der Barmherzigkeit, unser Leben, unsre Wonne und unsre Hoffnung, sei gegrüßt!
Zu dir rufen wir verbannte Kinder Evas; zu dir seufzen wir trauernd und weinend in diesem Tal der Tränen.
Wohlan denn, unsere Fürsprecherin, wende deine barmherzigen Augen uns zu, und nach diesem Elend zeige uns Jesus, die gebenedeite Frucht deines Leibes. O gütige, o milde, o süße Jungfrau Maria!
Bitte für uns, heilige Gottesmutter, dass wir würdig werden der Verheißungen Christi.

### Angelus

Der Engel des Herrn brachte Maria die Botschaft,
und sie empfing vom Heiligen Geist.
Gegrüßet seist du, Maria ...
Maria sprach: Siehe, ich bin die Magd des Herrn;
mir geschehe nach deinem Wort.
Gegrüßet seist du, Maria ...
Und das Wort ist Fleisch geworden
und hat unter uns gewohnt.

Gegrüßet seist du, Maria ...
**V** Bitte für uns, heilige Gottesmutter,
**V** dass wir würdig werden der Verheißungen Christi.
**V** Lasset uns beten: Allmächtiger Gott, gieße deine Gnade in unsere Herzen ein. Durch die Botschaft des Engels haben wir die Menschwerdung Christi, deines Sohnes, erkannt. Lass uns durch sein Leiden und Kreuz zur Herrlichkeit der Auferstehung gelangen. Darum bitten wir durch Christus, unsern Herrn.
**A** Amen.

## Regina caeli

Freu dich, du Himmelskönigin, Halleluja!
Den du zu tragen würdig warst, Halleluja,
er ist auferstanden, wie er gesagt hat, Halleluja.
Bitt Gott für uns, Halleluja.
**V** Freue dich und frohlocke, Jungfrau Maria, Halleluja,
**A** denn der Herr ist wahrhaft auferstanden, Halleluja.
**V** Lasset uns beten: Allmächtiger Gott, durch die Auferstehung deines Sohnes, unseres Herrn Jesus Christus, hast du die Welt mit Jubel erfüllt. Lass uns durch seine jungfräuliche Mutter Maria zur unvergänglichen Osterfreude gelangen. Darum bitten wir durch Christus, unsern Herrn.
**A** Amen.

Maria, du hast dich dem Willen des Vaters geöffnet, hast dich beschenken lassen mit der Fülle seines Segens. Dir empfehlen wir unsere friedlose Welt.
Erbitte uns von Jesus, deinem Sohn, den Frieden mit Gott und den Frieden unter den Menschen.
Erbitte uns den Geist der Liebe und des Vertrauens, auf dem der Friede ruht.

**Memorare**

Gedenke, o gütigste Jungfrau Maria, wie es noch nie erhört worden ist, dass jemand, der zu dir seine Zuflucht genommen, deine Hilfe angerufen, um deine Fürbitte gefleht hat, von dir sei verlassen worden.
Von diesem Vertrauen beseelt, nehme ich meine Zuflucht zu dir, o Mutter, Jungfrau der Jungfrauen.
Zu dir komme ich, vor dir stehe ich armer Sünder.
Mutter des ewigen Wortes, verschmähe nicht meine Worte, sondern höre mich gnädig an und erhöre mich.
Amen.

*hl. Bernhard von Clairvaux (1090–1153), Theologe, Prediger, Kirchenlehrer*

# Leben mit Gott

## *Dankgebete*

Vater Gott, wir danken dir, dass wir deine Kinder sein dürfen, in deiner Liebe geborgen, was auch geschehen mag.
Wir danken dir, weil du ein Gott der Liebe bist, weil du auch dort liebst, wo wir Menschen nicht mehr lieben können, und uns die Kraft zur Liebe gibst.
Wir danken dir, weil du ein Gott der Treue bist, weil du zu uns stehst, uns hältst und uns die Kraft zur Treue gibst.
Wir danken dir, weil du ein Gott der Freude bist, weil du uns diesen Tag gegeben hast, an dem wir uns in deiner Freude finden.
Wir danken dir, weil du ein Gott der Menschen bist, weil du der Menschen Wege zusammenführst, zueinander und zu dir.

Herr, unser Gott, hab Dank, dass du uns siehst.
Jeden Schritt, den wir tun, begleitest du;
jedes Wort, das wir denken, weißt du,
ehe wir es aussprechen.
Wir danken dir, dass du unseren Weg bestimmst,
nicht der Zufall, nicht die Sterne.

Du allein bist es, der uns führt.
Wir danken dir für jeden Tag, den wir erleben;
denn er kommt aus deiner guten Hand.

## *Vertrauen und Geborgenheit*

Herr, sei du vor mir, um mir den Weg zu zeigen.
Herr, sei du neben mir, um mich in deine Arme zu schließen und mich zu schützen.
Herr, sei du unter mir, um mich aufzufangen, wenn ich falle, und mich aus der Schlinge zu ziehen.
Herr, sei du in mir, um mich zu trösten, wenn ich traurig bin.
Herr, sei du um mich herum, um mich zu verteidigen, wenn andere über mich herfallen.
Herr, sei über mir, um mich zu segnen.
*Aus dem 4. Jahrhundert*

Herr, in die Freude über diesen Tag mischt sich die Sorge, was wohl morgen sein wird: die Angst um den Arbeitsplatz, um meine Gesundheit, um meine Familie. Ich lege dies alles auf deine Schultern und vertraue darauf, dass sie auch meine Last tragen.

Der Herr segne und behüte uns.
Er lasse sein Angesicht über uns leuchten
und sei uns gnädig.
Er schaue auf uns
und schenke uns seinen Frieden.
*Aarons Segen*

Wo ich gehe, wo ich stehe,
bist du, lieber Gott, bei mir.
Wenn ich dich auch niemals sehe,
weiß ich trotzdem: du bist hier.
*Kindergebet*

Alles, Gott, hat seine Zeit:
Lachen, Spielen, Schularbeit,
Ferienhaben, Frühaufstehn,
lange Schlafen, Schulegehn,
Lieben, Streiten und Verzeihn,
krank, gesund und glücklich sein.
Was das Jahr auch bringen mag:
Du bist bei mir, jeden Tag.
*Kindergebet*

Verleihe mir, ich bitte dich,
gütiger Herr und heiliger Vater,
einen Verstand, der dich wahrnimmt,
einen Sinn, der dich versteht,

ein Gemüt, das an dir Wohlgefallen hat,
einen Eifer, der dich sucht,
eine Weisheit, die dich findet,
einen Geist, der dich erkennt,
ein Herz, das dich liebt,
eine Seele, die an dich denkt,
ein Tun, das dich verherrlicht,
Ohren, die dich hören,
Augen, die dich sehen,
eine Zunge, die dich preist,
einen Wandel, der dir wohlgefällt,
eine Geduld, die dich erträgt,
eine Beharrlichkeit, die dich erwartet,
ein vollkommenes Lebensende,
eine beseligende Anschauung
im ewigen Leben. Amen.

*Alkuin (um 735–804), Abt in Tours*

Herr und Gott, guter Vater im Himmel, du hast mich gerufen, deine große Welt mit allem, was zu ihr gehört, mitzugestalten durch meine Arbeit. Ich danke dir für deinen Auftrag, für die Möglichkeiten und Fähigkeiten, die du mir gegeben hast.
Hilf mir an jedem Tag, dir in allem zu dienen durch eine gute Arbeit, durch meine Hilfsbereitschaft, durch mein Verstehen, durch ein gutes Wort.
Durch gute Laune und heiteren Blick, durch mein Beispiel will ich helfen, Gegensätze auszugleichen, Misstrauen abzubauen, den sozialen Frieden zu

wahren. So darf ich beitragen zum Wohl meines Nächsten und für eine bessere Welt.
Mein Leben soll dich preisen und alles in dir seine Vollendung finden.

Herr, wie du willst, soll mir gescheh'n,
und wie du willst, so will ich geh'n;
hilf deinen Willen nur versteh'n!

Herr, wann du willst, dann ist es Zeit;
und wann du willst, bin ich bereit
heut und in alle Ewigkeit.

Herr, was du willst, das nehm' ich hin,
und was du willst, ist mir Gewinn;
genug, dass ich dein Eigen bin.

Herr, weil du's willst, drum ist es gut;
und weil du's willst, drum hab ich Mut.
Mein Herz in deinen Händen ruht.

*Pater Rupert Mayer (1876–1945), katholischer Priester, Gegner des Nationalsozialismus, 1987 seliggesprochen*

Schenke mir eine gute Verdauung, Herr, und auch etwas zum Verdauen.
Schenke mir Gesundheit des Leibes, mit dem nötigen Sinn dafür, ihn möglichst gut zu erhalten.
Schenke mir eine heilige Seele, Herr, die das im Auge

behält, was gut ist und rein, damit sie im Augenblick der Sünde nicht erschrecke, sondern das Mittel finde, die Dinge wieder in Ordnung zu bringen.
Schenke mir eine Seele, der die Langeweile fremd ist, die kein Murren kennt und kein Seufzen und Klagen, und lass nicht zu, dass ich mir allzu viel Sorgen mache um dieses sich breit machende Etwas, das sich »Ich« nennt.
Herr, schenke mir Sinn für Humor, gib mir die Gnade, einen Scherz zu verstehen, damit ich ein wenig Glück kenne im Leben und anderen davon mitteile.

*hl. Thomas Morus (Sir Thomas More) (1478–1535, enthauptet), Staatstheoretiker und Humanist, Lordkanzler Heinrichs VIII. von England*

## *Gebete um den Glauben*

Ich glaube, Herr, hilf meinem Unglauben.

Herr, schenke mir mehr Glauben.

Herr, ich will dir folgen, wohin immer du gehst.

Gott, ich versuche immer wieder zu beten. Aber oft fällt mir das Beten schwer. Ich finde einfach nicht die richtigen Worte, und so stehe ich sprachlos vor dir. Du Gott, kennst mich besser als ich mich selbst; und so vertraue ich darauf, dass du mich auch dann verstehst.
Aber Beten ist nicht nur Reden, sondern auch Zuhören, was du mir sagen willst. Und so soll mein Schweigen auch ein Warten auf deine Stimme sein. Wenn ich dein Wort höre, dich als Teil meines Lebens begreife, werde ich dir antworten können.
Es wird manchmal eine Klage sein, vielleicht auch ein Zweifeln; aber ich hoffe, nicht selten auch – Preis und Dank!

### Um Glauben in der Familie

Herr, ich habe Freude am Glauben, aber es bedrückt mich, dass meine Familie so ganz anders denkt. Sie machen es mir manchmal schwer, unter ihnen als Christ zu leben. Ich aber möchte so gern, dass auch sie anfangen zu glauben und etwas von dem erleben, was mir so viel bedeutet.
Gib, dass ich nicht müde werde, dass ich dich nicht verleugne, sondern mich so zu dir bekenne, dass sie es annehmen können. Herr, du kannst helfen, du kannst Wunder tun. Hilf uns allen zum Glauben!

## *Schuld und Vergebung*

Vergib uns, Herr, unsere Schuld.
Verzeih, wenn wir mit den Händen schlagen,
statt zu helfen;
wenn wir mit Worten verletzen,
statt zu trösten;
wenn wir den Verstand anstrengen,
um den anderen zu ärgern,
statt ihm Freude zu machen;
wenn wir den anderen auslachen
und ihn dadurch entmutigen,
statt ihm Mut zu machen.
Herr, so werden wir schuldig vor dir
und den anderen.
Vergib uns unsere Schuld.

Herr, du kennst mich.
Ich bin weder ganz gut noch ganz schlecht,
weder gottlos noch gerecht.
Bei mir folgt auf das Vergehen die Buße
und auf die Vergebung wieder die Sünde.
Das ist nicht gut.
Herr, ich hoffe auf dein Heil,
obwohl ich dir nicht treu gedient habe.
An einem einzigen Tag ändere ich mich
tausendmal,
wie ein Rad drehe ich mich unzählige Male.

Sei barmherzig, Herr, mit meinem Wankelmut.
Geh nicht ins Gericht mit meiner Unbeständigkeit.
Du, der ewig Beständige, der sich nicht wandelt,
du bist mir Anfang, Ende und Mitte.

Himmlischer Vater, mir ist klar geworden, dass ich mein Leben in Eigenregie gelebt habe und von dir getrennt bin. Vergib mir meine Schuld.
Danke, dass du meiner Vergangenheit nicht mehr gedenkst, weil Jesus Christus für meine Verfehlungen durch seinen Tod am Kreuz stellvertretend gebüßt hat.
Er ist mein Erlöser.
Jesus Christus, bitte übernimm du die Herrschaft in meinem Leben und verändere mich so, wie du es haben willst.
Amen.

# Gebete im Tageskreis

## *Am Morgen*

Ich bitte dich, Herr, um große Kraft
diesen kleinen Tag zu bestehen,
um auf dem großen Wege zu dir
einen kleinen Schritt weiterzugehen.
*Ernst Ginsberg*

Gott, ich danke dir, dass du mir diesen Tag schenkst. Ich danke dir für den Atem, das Licht und die Wärme, für die Kraft, aufzustehen und die Arbeit anzupacken.
Ich danke dir für die Sonne, für die Vögel vor meinem Fenster, für die lachenden Kinder, für alles Lebendige, das mich umgibt und an dem du mich teilnehmen lässt.
Ich danke dir für die Menschen, die zu mir gehören, für meine Familie und alle, die mir gut sind.
Schenk mir die Kraft, allen, die mir heute begegnen, gut zu sein, wie du gut bist.

Herr, du schenkst mir jeden neuen Tag, und jeder Tag ist gleich wichtig vor dir. Ich danke dir für

diesen Tag. Gib, dass ich ihn ernst nehme: die Aufgaben, die mich heute fordern, die Menschen, denen ich begegne, die Erfahrungen, die er bringt, das Bittere, das mir widerfährt.
Lass mich frei bleiben, auch wenn mich tausend Dinge in Beschlag nehmen. Lass mich dankbar sein für alles, auch wenn dieser Tag mir Mühe bringt.
Auch wenn ich heute nicht alles in deinem Sinn tun kann, hilf mir, deinen Willen etwas besser zu tun als gestern.
Auch wenn deine Gegenwart mich nicht ganz durchdringt, hilf, dass sie mir nicht verlorengeht.
Auch wenn ich nicht alle Menschen selbstlos lieben kann, hilf, dass ich keinen entmutige, der mir begegnet.

Danke, Gott, für diesen Morgen,
danke, dass du bei mir bist.
Danke für die guten Freunde
und dass du mich nie vergisst.
Danke für die Zeit zum Spielen,
für die Freude, die du schenkst,
und dass du an dunklen Tagen
ganz besonders an mich denkst.
*Kindergebet*

Du warst bei mir heute nacht,
und nun bin ich froh erwacht.

Du bist auch am Tag bei mir,
guter Gott, ich danke dir.
*Kindergebet*

## *Tischgebete*

### Vor dem Essen

Komm, Herr Jesus, sei unser Gast,
segne uns und was du uns bescheret hast.

Jedes Tierlein hat sein Essen,
jedes Blümlein trinkt von dir.
Hast auch uns heut nicht vergessen,
lieber Gott, wir danken dir.
*Kindergebet*

Die Augen aller warten auf dich, Herr,
und du gibst ihnen Speise zur rechten Zeit.
Du tust auf deine milde Hand
und erfüllst alles, was da lebt, mit deinem Segen.
So segne, Herr, uns und diese deine Gaben,
die wir nun von deiner Güte empfangen wollen,
durch Christus, unsern Herrn.

### Nach dem Essen

Dir sei, o Gott, für Speis und Trank,
für alles Gute Lob und Dank.
Du gabst, du willst auch künftig geben.
Dich preise unser ganzes Leben.
Amen.

Wir wollen danken für unser Brot.
Wir wollen helfen in aller Not.
Wir wollen schaffen; die Kraft gibst du.
Wir wollen lieben; Herr, hilf dazu.

Reichlich war der Tisch gedeckt,
und es hat mir gut geschmeckt.
Was wir haben, kommt von dir,
lieber Gott, wir danken dir.
*Kindergebet*

## *Am Abend*

Vater, ich danke dir für diesen Tag. Ich danke dir für das tägliche Brot, für alles, womit du mein Leben erhalten hast, für deine Sorge um mich.
Ich weiß nicht, wie du diesen Tag haben wolltest,

sicher aber besser, als ich ihn gelebt habe. Ich habe wenig nach deinem Willen gefragt. Ich bin an Menschen vorübergegangen, die vielleicht auf mich gewartet haben. Ich habe zu wenig bedacht, was du heute durch mich in dieser Welt schaffen wolltest.
Ich bitte dich um Verzeihung für alles Unrecht, für alle Nachlässigkeit und alles, was ich versäumt habe. Doch für das, was gut war, Herr, danke ich dir. Führe du es weiter und vollende es.
Herr, schenke mir eine ruhige Nacht und einen guten Schlaf. Gib mir morgen neue Kraft für alles, was du mir auftragen wirst.

Vater im Himmel,
ich bitte dich für alle Menschen,
die heute Nacht nicht schlafen können.
Ich bitte dich für die Kranken, hilf denen, die leiden.
Ich bitte dich für die Kinder, die heute Nacht geboren werden, und für die Menschen, die heute Nacht sterben müssen.
Vergib allen, die Böses getan haben,
und schenk allen Traurigen deinen Frieden.

Herr, der Tag geht zu Ende.
Ich blicke zurück auf Straßen, Zimmer, Tische.
Aber besonders auf die Menschen in den Straßen,
auf die Menschen in den Zimmern,
auf die Menschen an den Tischen.

Ich habe mit ihnen gesprochen, habe gelächelt.
Ich habe mit ihnen gearbeitet und gegessen.
Ich bin ihnen begegnet
und wohl auch auf die Nerven gegangen.
Ich habe sie gereizt, getröstet, geliebt.
Das alles, Herr, habe ich Menschen getan;
das alles, Herr, habe ich dir getan.
Vergib mir, tröste mich, bleibe bei mir.

Müde bin ich, geh zur Ruh,
schließe meine Augen zu.
Vater, lass die Augen dein
über meinem Bette sein.
Hab ich Unrecht heut getan,
sieh es, lieber Gott, nicht an.
Deine Gnad und Jesu Blut
machen allen Schaden gut.
Alle, die mir sind verwandt,
Gott, lass ruhn in deiner Hand;
alle Menschen, groß und klein,
sollen dir befohlen sein.
Kranken Herzen spende Ruh,
müde Augen schließe zu;
lass den Mond am Himmel stehn
und die stille Welt besehn!

*Luise Hensel (1798–1876), Lieddichterin*

## *Am Sonntag*

Herr, mein Gott, ich freue mich,
dass es wieder Sonntag geworden ist,
dass ich die Arbeit eine Weile beiseite legen kann,
dass ich ein bisschen mehr Zeit habe
für mich, für die andern, für dich.
Ich freue mich, aber ich weiß auch,
dass es mir unendlich schwer fällt,
die Gelegenheit wahrzunehmen,
wirklich innezuhalten.
Zu dicht steht die Arbeit noch vor mir,
auch wenn sie ruht.
Zu nahe bleiben mir die täglichen Sorgen,
bleibt mir meine Unzufriedenheit,
bleibt meine Unruhe.
Zu sehr fürchte ich die Stille,
weil sie meine innere Leere aufdecken könnte.
Herr, ich möchte wirklich Sonntag feiern,
ich möchte mich freuen an deiner Güte,
ich möchte die Stille erleben,
in der du mir nahe bist.
Herr, komm du
und lass es auch in mir selber Sonntag werden.

# Gebete im Jahreskreis

## *Advent*

Jesus, als du vor zweitausend Jahren auf die Erde kamst, haben dich die Menschen nicht aufgenommen. Im armen Stall wurdest du geboren. Hilf, dass wir uns gut vorbereiten und dich besser empfangen. Komm in unsere Mitte und gib uns ein waches Herz.

## *Weihnachten*

O Gott, dein Wesen ist Güte, dein Wille Macht, dein Werk ist Erbarmen.
Du hast die hochheilige Nacht durch das Aufleuchten des wahren Lichtes erhellt und die Menschheit durch die Geburt deines Sohnes von der Knechtschaft der Sünde erlöst.
Wir bitten dich: Lass uns Christus, das Licht der Welt, in unsere Herzen aufnehmen und seine göttliche Wahrheit und Liebe zu den Menschen tragen, damit sie dich erkennen und den du gesandt hast: Jesus Christus, deinen Sohn, unsern Herrn.
*Aus dem Tagesgebet*

Danke, lieber Gott, für Weihnachten.
Danke für die Freude am Heiligabend, danke für die Geschenke und das gute Essen. Danke für unsere Familie und für die Menschen, die uns gut sind.
Danke besonders für Jesus, deinen Sohn. Er will alle Menschen glücklich machen. Er ist für alle da.
Darüber freuen wir uns.
*Kindergebet*

## *Jahreswechsel*

Alles, was zu Ende geht, kommt in deine Hand.
Das Jahr, unser Leben, die ganze Welt.
Alles, was in deine Hand kommt,
erhält einen neuen Anfang.
Das Jahr, unser Leben, die ganze Welt.

Wieder vorübergegangen ist ein Jahr, und ich bin noch. Dir, o himmlischer Vater, sei Lob, Dank und Preis für alle Gaben und Wohltaten, die ich im Laufe dieses Jahres aus deiner väterlichen Hand empfangen habe.
Ein Jahr sagt es dem andern, wie voll der Liebe und Milde unser Gott ist, und wie unendlich reich deine Erbarmungen und Segnungen sind.
*Johann Michael Sailer (1751–1832), Bischof von Regensburg*

## *Erscheinung des Herrn (Epiphanie)*

Göttlicher Heiland, erfülle uns mit jener Freude, welche die Hirten und die Weisen aus dem Morgenland empfanden, als sie dich in der Krippe sahen und dich als Retter der Welt erkannten.
Lass uns mit ihnen dich loben und preisen als unseren großen und allmächtigen Gott, der als Menschenkind geboren wurde, um uns zu Kindern Gottes zu machen.

## *Buß- und Fastenzeit*

Allmächtiger Gott,
du schenkst uns die heiligen vierzig Tage als eine Zeit der Umkehr und Buße.
Gib uns durch ihre Feier die Gnade, in der Erkenntnis Jesu Christi voranzuschreiten und die Kraft seiner Erlösungstat durch ein Leben aus dem Glauben sichtbar zu machen.
*Nach dem Tagesgebet*

## *Gründonnerstag*

Allmächtiger, ewiger Gott,
am Abend vor seinem Leiden hat dein geliebter Sohn uns das Opfer des Neuen und Ewigen Bundes anvertraut und das Gastmahl seiner Liebe gestiftet. Gib, dass wir aus diesem Geheimnis die Fülle des Lebens und der Liebe empfangen.
*Nach dem Tagesgebet*

## *Karfreitag*

Allmächtiger, ewiger Gott,
durch das Leiden deines Sohnes hast du den Tod vernichtet, der vom ersten Menschen auf alle Geschlechter übergegangen ist.
Nach dem Gesetz der Natur tragen wir das Abbild des ersten Adam an uns;
hilf uns durch deine Gnade, das Bild des neuen Adam in uns auszuprägen und Christus ähnlich zu werden.

## *Ostern*

Allmächtiger, ewiger Gott,
am heutigen Tag hast du durch deinen Sohn den Tod besiegt und uns den Zugang zum ewigen Leben erschlossen.
Darum begehen wir in Freude das Fest seiner Auferstehung.
Schaffe uns neu durch deinen Geist, damit auch wir auferstehen und im Licht des Lebens wandeln.
Darum bitten wir durch Jesu Christus, unsern Herrn. Amen.
*Aus dem Stundenbuch*

## *Christi Himmelfahrt*

Allmächtiger, ewiger Gott,
erfülle uns mit Freude und Dankbarkeit, denn in der Himmelfahrt deines Sohnes hast du den Menschen erhöht.
Schenke uns das feste Vertrauen, dass auch wir zu der Herrlichkeit gerufen sind, in die Christus uns vorausgegangen ist, der in der Einheit des Heiligen Geistes mit dir lebt und herrscht in Ewigkeit.
*Aus dem Tagesgebet*

## *Pfingsten*

Gott, unser Herr,
du hast das österliche Geheimnis im Geschehen des Pfingsttages vollendet und Menschen aus allen Völkern das Heil geoffenbart.
Vereine im Heiligen Geist die Menschen aller Sprachen und Nationen zum Bekenntnis deines Namens.
*Aus dem Tagesgebet*

## *Erntedank*

Du Spender alles Guten, dessen Hand die ganze Welt ins Dasein gerufen hat, du sorgst für all deine Geschöpfe in väterlicher Güte.
Auch für uns hast du gesorgt. Wir danken dir für deinen Erntesegen. Du hast die Früchte des Feldes reifen lassen.
Wir danken dir von Herzen für deine Liebe und Güte und für dein Erbarmen, dass du uns trotz unserer Sünden so reich beschenkt hast.
Nie wollen wir vergessen, dass alle gute Gabe von dir kommt und dass wir sie maßvoll und in Dankbarkeit gebrauchen sollen.

Wir wollen unsere notleidenden Mitmenschen nicht vergessen. Lass uns als treue Verwalter deiner Gaben ihnen in der Not helfen, damit auch sie deine Güte preisen und wir einst als reife Früchte in deine Scheune eingesammelt werden, wenn du uns durch deine Engel zur ewigen Ernte rufst.

## *Allerheiligen*

Großer Gott,
die Heiligen haben sich darum bemüht, den Menschen Gutes zu tun und dir den ersten Platz in ihrem Leben zu geben. Du stellst sie uns als Vorbilder und Weggefährten zur Seite.
Lass uns durch sie erkennen, wie wir unsere Aufgabe in der Welt erfüllen können, und hilf uns, so zu leben, dass es unseren Mitmenschen leichter fällt, an dich zu glauben.
Die Heiligen haben ihr Ziel erreicht: Sie sind bei dir. Wir sind noch unterwegs. Bleibe bei uns auf unserem Weg zu dir.

## *Allerseelen und Totensonntag*

Allmächtiger Gott, wir glauben und bekennen, dass du deinen Sohn als Ersten von den Toten auferweckt hast.
Stärke unsere Hoffnung, dass du auch unsere Brüder und Schwestern auferwecken wirst zum ewigen Leben.
*Aus dem Tagesgebet*

## *Christkönigssonntag*

Herr Jesus Christus,
du bist unser Hirte, führe dein Volk.
Du bist unser Meister,
lehre uns, deinem Beispiel zu folgen.
Du bist der Friedensfürst, versöhne die Völker.
Du bist der Erstgeborene von den Toten,
nimm auch uns auf in deine Herrlichkeit.
Du bist der König, zeige uns dein Reich.

# Gebete im Lebenskreis

## *Kindheit*

Vater im Himmel, du hast uns unsere Kinder anvertraut. Wir freuen uns, dass wir sie haben. Wir freuen uns über alle guten Anlagen, die wir an ihnen entdecken. Wir freuen uns, wenn sie gesund sind und heranwachsen. Wir freuen uns, wenn wir miterleben dürfen, wie sie sich entfalten. Herr, wir danken dir für unsere Kinder.
Wir wollen ihnen helfen, so zu werden, wie du sie haben willst. Wir wollen Geduld haben, wenn sie uns Sorgen machen.
Darum bitten wir dich, Herr, segne unsere Kinder. Lass sie von Tag zu Tag mehr lernen, ihr Leben selbst in die Hand zu nehmen. Gib ihnen einen Glauben, der ihr Denken und Tun durchdringt. Führe sie einmal zu dem Beruf, der ihnen Freude macht. Schenke ihnen Freunde, die sie verstehen und ihnen helfen. Und wenn sie auf die falschen Wege geraten, dann führe sie wieder zurück.
Bleib in unserer Familie; wir alle brauchen dich.

Herr, hilf uns, das wir Geduld haben mit unseren Kindern, dass wir Zeit haben für sie, wenn sie uns brauchen, dass wir uns ihre Ansichten und Meinungen anhören, wie sehr sie auch von den unsrigen abweichen.
Hilf uns in unseren Gesprächen, dass wir zueinander V ertrauen haben. Und wenn unsere Kinder ihr Wissen erweitern wollen, hilf uns, dass wir mit ihnen lernen.

Wir sind eine Familie. Ich habe Eltern und Geschwister. Ich habe auch Freunde, mit denen ich draußen spiele. Auch Großmutter und Großvater, Onkel und Tante habe ich. Viele, viele Menschen, die alle gut zu mir sind. Mutter sagt: Überall wohnen Menschen, und alle Menschen sind eine große Familie! Ich habe viele Brüder und Schwestern. Du, lieber Gott, bist unser Vater.
*Kindergebet*

## *Im Straßenverkehr*

Lieber Gott, ich bin noch klein und die Gefahren auf der Straße sind groß. Behüte mich bitte und lass die schnellen Autofahrer auf uns Kinder Rücksicht nehmen.

## *Gebet der Eltern vor der Erstkommunion*

Vater, du hast uns Jesus Christus, deinen Sohn, zum Bruder gegeben. Unser Kind hat angefangen, ihn zu lieben. Darum haben wir den Mut, es teilhaben zu lassen an der Tischgemeinschaft mit ihm. Hilf uns, Herr, mit unserm Kind das Geheimnis deiner Gegenwart dankbar zu glauben.
Schenk uns durch diese heilige Kommunion eine immer tiefere Freude an der Gemeinschaft mit dir und mit allen, die dich lieben.

# *Jugend*

### Zur Firmvorbereitung

Herr, durch die Taufe bin ich Mitglied deiner Kirche geworden. Ich danke dir dafür.
Über den Empfang der Taufe haben damals meine Eltern entschieden. Heute bin ich alt genug, selbst über mein Leben und meinen Glauben zu entscheiden. Und so sage ich bewusst ja zu dir, zu deiner Kirche und zu meiner Taufe.
Ich will mich bemühen, in meinem Glauben zu wachsen, auch wenn das nicht immer einfach sein wird, auch wenn manches Argument und manches

Erlebnis gegen den Glauben zu sprechen scheinen. Hilf mir dann bitte und erleuchte mich.

### Um die Gaben des Heiligen Geistes

Großer Gott, heute empfange ich das Sakrament der Firmung.
Stärke mich mit den Gaben des Heiligen Geistes:
der Gabe der Weisheit, damit ich zwischen richtig und falsch unterscheiden kann,
der Gabe der Einsicht, damit ich das rechte Verständnis habe,
der Gabe des Rates, damit ich Schwierigkeiten und Zweifel meistern und mit guten Ideen anderen helfen kann,
der Gabe der Erkenntnis, damit ich die Dinge sehe wie sie sind und mir nichts vormache,
der Gabe der Stärke, damit ich die Schwierigkeiten des Lebens mit Tatkraft angehe, Enttäuschungen aushalte und mutig meinen Glauben bekenne,
der Gabe der Frömmigkeit, damit ich dich liebe und an dich glaube, dich in dieser Welt erkenne und meinen Mitmenschen Gutes tue,
der Gabe der Gottesfurcht, damit ich auf dein Wort höre.

## Probleme mit den Eltern

Herr, ich fühle mich von meinen Eltern nicht mehr verstanden. Alles, was ich anfange, stößt auf ihren Widerstand. Ich habe mir meine eigene Welt eingerichtet, und ich empfinde die Eingriffe meiner Eltern als störend. Immer wieder enden die Gespräche damit, dass sie mir ihre Lösungen aufzwingen wollen.
Ich möchte einmal richtig mit ihnen reden, dass wir uns gegenseitig zuhören und aufeinander eingehen. Gib uns allen mehr Verständnis.

## Für den Jugendlichen

Lieber himmlischer Vater! Wir danken dir, dass du uns dieses Kind geschenkt und anvertraut hast. Du willst es durch uns erzogen wissen und hast uns damit die große Aufgabe unseres Lebens gegeben.
Verleih uns den Mut zur Strenge, wo es nötig ist; und die Bereitschaft zum Verzeihen, wo Schuld unsere Gemeinschaft zerstört hat. Bewahre uns vor dem Zorn, der das Herz verhärtet, und vor der Gleichgültigkeit, die uns voneinander trennt.
Wir haben manches versäumt und falsch gemacht in seiner Erziehung; aber du weißt, dass wir immer das Beste gewollt haben. Wir sollten Vorbild sein, aber wir haben versagt. Unser Glaube ist schwach gewesen, und wir haben dich vergessen. Unsere

Arbeit und unser Wohlergehen standen im Mittelpunkt und nicht dein Wille.
Wenn unser Kind den Weg zu dir nicht gefunden hat, dann ist das auch unsere Schuld. Wir gestehen, dass wir ihm oft nicht die Zeit gewidmet haben, die es gebraucht hat. Wenn unser Wort jetzt ungehört bleibt, so wissen wir es doch in deiner Hut und deinen Händen.
Blicke du jetzt auf unser Kind, wenn es Wege geht, die sich von uns entfernen. Bewahre es vor der Versuchung und vor dem Bösen, vor schlechtem Rat und falschen Freunden.
Lass uns gemeinsam einen neuen Anfang finden und die Bitterkeit überwinden auf beiden Seiten. Dazu verhilf uns durch den, den du zum Boten der Versöhnung und des Friedens gemacht hast, Jesus Christus, unsern Herrn.

### Um die richtige Berufswahl

Himmlischer Vater! Du hast mich erschaffen und mir in deiner Liebe einen Lebensweg zugedacht, auf dem ich mein ewiges Heil erreichen soll.
Lass mich erkennen, was du mit mir vorhast, zeige mir den Beruf, der zu mir passt. Zeige mir, wo ich meine Kräfte am besten einsetzen und wo ich am besten dir dienen kann.
Lass mich meinen Beruf richtig wählen, ihn gründlich erlernen und einmal etwas Tüchtiges leisten.

## *Partnerschaft und Ehe*

Herr, ich danke dir, dass wir zu zweit unser Leben führen dürfen. Ich bin nicht allein. Du gabst mir einen Menschen, der mich liebt, wie ich bin, der mit mir leidet, der mich tröstet und aufrichtet, der sich mit mir freut, der auf mich wartet und für mich da ist Tag und Nacht.
Herr, ich danke dir für das Gespräch miteinander, für das immer neue Gespräch. Ich danke dir, dass wir aufeinander hören können, dass wir uns korrigieren können, dass wir einander vertrauen dürfen.
Ich danke dir für die immer neue Liebe, für das ständige Tragen, für das gemeinsame Gebet.
Herr, ich danke dir, dass du uns ein gemeinsames Ziel gegeben hast: dich selbst.

Herr, ich danke dir,
denn es gibt einen Menschen, den ich liebe.

### Dank für eine lange Ehe

Gott und Vater, die meisten Jahre unseres Lebens haben wir gemeinsam verbringen können. Wir danken dir dafür.
Du hast uns manch Schweres zugemutet, aber auch die Kraft gegeben, es gemeinsam zu tragen.
Du hast uns aber auch viel Schönes geschenkt.
Du hast uns unsere Kinder großziehen lassen, mit denen wir auch in ihrer Selbstständigkeit verbunden bleiben. Behüte sie und uns.
Herr, trotz aller Missverständnisse im Laufe der Jahre – wir verstehen und lieben uns; wohl anders als früher, aber tief und wahr.
Schenke uns weitere gemeinsame Jahre, und wenn einer von uns den anderen in deine Hände zurückgeben muss, bewahre uns die Hoffnung, einst in deinem Reiche vereint dich in Ewigkeit loben zu können.

## *Schwangerschaft, Geburt und Taufe*

### Schwangerschaft

Herr und Gott, wir erwarten unser Kind.
Wir möchten so gern, dass es ein gesundes und fröhliches Kind wird. Aber wir wollen es annehmen, wie du es uns gibst.

Nun bitten wir dich: schenke ihm deine Liebe.
Wir wollen es schützen, so gut wir können, schon jetzt, da wir es erwarten.
Hilf in der Stunde der Geburt.
Wir wollen unser Kind aufnehmen in deinem Namen und ihm den Weg zeigen, auf dem es dich finden kann.
Schenke ihm ein erfülltes und glückliches Leben und lass es zum Segen werden für alle, die ihm begegnen.
Nimm es allzeit in deinen Schutz.

## Geburt

Unser lieber Vater, wir danken dir für das Wunder dieses neuen Lebens, das du uns in unserem Kinde geschenkt hast.
Lass uns dieser Gabe würdig werden. Wie sollten wir die Sorge für die Entfaltung dieses kleinen geliebten Wesens allein tragen können?
Nun sind wir als eine Familie vor dir da. Wir bitten dich, lass uns Rechtes denken und Rechtes tun in unserem Kreis.
Lass uns nicht vergessen, dass wir das Leben und Denken unseres Kindes dir zuführen und nicht uns: In dir, dem rechten Vater im Himmel und auf Erden, wohnen währende Freude und Lebensmut. Behüte und bewahre unser Leben in unserer Familie füreinander.

### Taufe des Kindes

Lebendiger, dreieiniger Gott, Vater, Sohn und Heiliger Geist! Auf deinen Befehl und in deinem Namen haben wir unser Kind zur Taufe gebracht.
Was dabei vor unseren Augen geschieht, wirkt bescheiden. Herr, lass uns in der äußeren Unscheinbarkeit der Taufe deine wunderbare Verheißung für unser Kind fassen, dass du sein gnädiger Vater bist. Denn um Jesu willen hast du es als dein Kind angenommen. Du hast uns beauftragt, unser Kind nicht nur leiblich zu versorgen, sondern willst, dass es durch uns zum Glauben an dich finde.
Herr, stärke uns den Glauben, dass wir an dieser großen Aufgabe nicht durch Gleichgültigkeit und Trägheit scheitern. Hilf uns, Helfer und Vorbild zu sein für unser Kind in der Nachfolge Jesu, unseres Meisters.

## *Familie*

### Für die Familie

Gott und Vater, du hast den Frieden in unserer Familie gewahrt oder uns immer wieder neu geschenkt. Wir danken dir dafür.
Behüte uns und hilf, uns gegenseitig in Liebe zu

tragen und zu ertragen. Gib uns den guten Willen zur Versöhnung nach jedem Streit und die Kraft zu einer ehrlichen Aussprache bei Zwistigkeiten. Schenke uns Verständnis füreinander.
Schütze auch unsere Lieben, die nicht bei uns sind, denen wir im Geist und bei allzu seltenen Begegnungen verbunden sind.
Gib unserer Familie auch die Kraft, sich nicht denen zu verschließen, die unsere Nähe und unsere Hilfe brauchen. Du liebst alle Menschen, dich wollen wir lieben in unseren Nächsten.
Bleibe bei uns.

## Bitte einer Mutter

Gott, ich bin Mutter und gerne Mutter:
Gib mir immer einen Löffel Geduld,
eine gute Prise Humor,
eine Tüte voller Weisheit,
einen Schlag Lächeln darauf
und so viel Vertrauen in dich,
dass ich auch meinen Kindern damit sage:
Das Leben lohnt sich – ich lebe gerne.

## Einzug in eine neue Wohnung

Herr, segne unseren neuen Anfang in diesen ungewohnten Wänden und der fremden Umgebung.

Hilf, dass wir uns bald zurechtfinden und hier wirklich zu Hause sind.
Bewahre uns vor Not und Leid und behüte unser Zusammenleben.
Lass deinen Frieden bei uns wohnen.
Gib uns Freunde und Nachbarn, denen wir vertrauen können.
Herr, segne uns,
damit wir anderen zum Segen werden.

## *Beruf und Arbeit*

Gib allen Arbeit,
nicht zu viel, aber ausreichend,
um das tätige Leben sinnvoll zu erfahren.
Dass unser Geist und unsere Hände
uns näher zueinander bringen,
dass wir miteinander eine Welt bauen,
in der das Leben lebbar wird.

### Gebet eines berufstätigen Vaters

Herr, ich sage es mir selber: mein Beruf ist nicht alles, du hast mir eine Familie gegeben. Ich weiß es noch genau, wie ich dich darum gebeten habe. Ich will mehr an meine Frau und an meine Kinder

denken, und vor allem will ich mich mehr mit ihnen und an ihnen freuen.
Beim Ärger des Tages will ich nicht vergessen, dass ich abends in meine Familie zurückkehren kann. Allein zu leben, ohne sie, könnte ich nicht ertragen. Ich bitte dich, bestärke mich in meiner Absicht, meiner Frau ein rechter Mann und meinen Kindern ein rechter Vater zu sein.

## Gebet einer berufstätigen Mutter

Lieber Vater, du hast mich reich beschenkt: ich habe einen Mann und Kinder und kann trotzdem noch arbeiten gehen.
Aber es ist nicht leicht, dies alles unter einen Hut zu bringen. Gib mir die Kraft, diese »Doppelbelastung«, wie sie von vielen genannt wird, auch als Doppelgeschenk zu betrachten.

## Für die Arbeitskollegen

Herr, du hast mir die Kollegen gegeben, mit denen ich viele Stunden des Tages verbringe. Hab Dank für alles, was uns verbindet.
Wir hätten uns nicht als Freunde ausgesucht. Aber nun gehören wir zusammen und nehmen teil am Leben des anderen, an seinen Freuden und Nöten.
Lass uns die Verantwortung erkennen, die wir da-

durch füreinander haben. Bewahre uns davor, nur den eigenen Vorteil zu suchen. Hilf durch alle Spannungen hindurch, die im täglichen Beisammensein entstehen.

### Im Berufsverkehr

Himmlischer Vater, ich bitte dich für alle Menschen, die mich sicher zur Arbeit und wieder nach Hause bringen.
Beschütze die Fahrerinnen und Fahrer von Bussen und Straßenbahnen, von Taxen und Vorortzügen.
Ich bitte dich für alle Menschen, die die Straßen sauber halten und instand setzen. Beschütze sie bei ihrer oft gefährlichen Arbeit nah am schnell dahinrasenden Verkehr.
Ich bitte dich auch für alle Menschen, die mir Tag für Tag in Bus und Bahn gegenübersitzen. Von den meisten kenne ich nur die Gesichter; aber du, Herr, kennst ihre Namen. Schütze sie und mich auf unserem täglichen Arbeitsweg.

## *Freizeit, Urlaub und Reisen*

Ich schaffe es nicht, völlig abzuschalten. Ich bin so an Lärm und Hast gewöhnt, dass mich die Stille nervös macht. Schenke mir den Abstand von meiner Arbeit, damit ich mich erholen kann.

## Vor dem Urlaub

Herr, wie schön ist doch unsere Welt, die aus deiner Hand hervorgegangen ist, und wie viel Interessantes ist an ihr zu entdecken. Wieder einmal kann ich ein Stück von ihr kennen lernen. Dafür danke ich dir.
Ich bitte dich, gib mir offene Augen für alles, was mir auf dieser Reise begegnet. Lass mich über schönen Städten und Landschaften nicht meine Mitmenschen vergessen. Hilf mir, Verständnis für ihre Sitten und Gebräuche zu haben und nicht meine eigenen Gewohnheiten zum alleinigen Maßstab zu machen, sondern echte Toleranz zu üben.
Hilf mir, Achtung zu haben vor fremden Formen des religiösen Lebens. Lass mich die Bekanntschaft mit fremden Menschen und Völkern als Bereicherung erfahren, als Zeichen dafür, dass wir alle Schwestern und Brüder sind in der einen Welt, die du, Herr, geschaffen hast.

## Wir alle sind unterwegs

Allmächtiger Gott, Herr der Zeit, Schöpfer der Welt! Wir bitten dich für die vielen, die unterwegs auf Reisen sind und die Abwechslung suchen, um die Last des Alltags zu vergessen; dass sie sich erholen und wieder neue Kräfte sammeln und sich wieder freuen können, dass sie leben.

Wir bitten dich für die, die von der Unruhe der Zeit getrieben sind, um etwas zu erleben; dass sie etwas finden, was sie glücklich macht.
Wir bitten dich für die, die sich an der Schönheit der Welt erfreuen wollen; dass sie das Schöne dankbar erleben.
Wir bitten dich für die Menschen, denen wir auf Reisen begegnen und die uns begegnen; dass wir ihnen offen und frei entgegengehen und sie menschlich behandeln.
Wir bitten dich für die, die durch Krankheit und Schwäche an ihr Zuhause gebunden sind; lass sie in der Eintönigkeit nicht verbittern.
Herr, du hast uns erschaffen, wir sind unterwegs zu dir, führe uns sicher durch Freud und Leid hin zu dir – in deine Zeit.

## Auf der Straße

Herr, es gibt viele Straßen, aber keine, auf der du nicht bist. An jedem Wegzeichen steht deine Liebe bereit. Wende dein Angesicht mir zu, sei mein Gefährte auf meiner Reise. Hilf mir, dass ich guten Gebrauch mache von meiner freien Beweglichkeit, und mach mir klar, was ich verantworte.
Gib, dass ich gewissenhaft auf die Verkehrszeichen schaue und nie nachlässig werde, sondern das Leben achte, das du mir gegeben hast, und das meiner Brüder und Schwestern, das heilig ist.

Dass ich mein Auto nicht zu einem Rennwagen oder Streitwagen mache, mich großzutun mit meiner Verwegenheit oder um meinen Machttrieb auszulassen. Dass es schlicht ein Mittel sei im Dienst meiner Arbeit oder zur Freude in meinen Mußestunden.
Gewähre mir auch, dass ich wie der Samariter Hilfe bringe dem, der sie nötig hat.

## Reisesegen

Den Weg des Friedens führe uns der allmächtige und barmherzige Herr. Sein Engel geleite uns auf dem Weg, dass wir wohlbehalten heimkehren in Frieden und Freude.

## Am Ende des Urlaubs

Herr, ich danke dir für die Urlaubstage und für die freie Zeit, die ich genossen habe. Ich habe ein Stück deiner Welt kennen gelernt und konnte Dinge tun, für die in der Hektik der täglichen Arbeit nur wenig Zeit bleibt.
Jetzt holt mich der Alltag wieder ein. Ab morgen gehe ich wieder zur Arbeit. Gib, dass ich mit neuem Schwung an meine Aufgaben herangehe und meinen Kollegen mit Kameradschaft und Hilfsbereitschaft begegne. Du hast mich im Urlaub begleitet. Bleibe auch im Alltag bei mir.

## Zum Ferienbeginn

Endlich Ferien. Das war auch nötig. Die Schule ist mir zuletzt auf die Nerven gegangen. Am Ende habe ich die Tage gezählt: noch zehn, noch neun, ... Und jetzt ist es soweit.
Sechs Wochen Ferien, Zeit zum Ausruhen, zum Schlafen, für Musik und Feier, für Sport und Ausflüge, Freizeit, freie Zeit für mich.
Lass die kommenden Ferien schön werden, voller Erlebnisse und Spaß.
Und bewahre mich vor jedem Unglück.
Schenke auch denen Freude und Erholung, die nicht wegfahren können, die arbeiten müssen oder die krank sind.
*Kindergebet*

## Am Ende der Ferien

Lieber Gott, die Ferien sind nun vorbei.
Es waren herrliche und wunderschöne Wochen.
Wir hatten viel Zeit füreinander: meine Eltern für mich und ich für meine Eltern. Ich konnte vieles tun, was ich schon lange vorhatte.
Heute fängt die Schule wieder an.
Lass mich gleich von Anfang an eifrig beginnen!
Hilf mir, dass ich im kommenden Schuljahr eine Menge lerne und verstehe! Lass mich gut mit meinen Schulkameraden auskommen.

Gib mir vor allem jeden Tag Mut und Kraft für meine Arbeit!
*Kindergebet*

## *Geburtstag und Namenstag*

### Geburtstag

Herr, ich danke dir für das vergangene Jahr,
für alle vergangenen Jahre meines Lebens.
Du hast mich durch Schwierigkeiten geführt,
hast mich Schönes erleben lassen.
Du hast mich nicht fallen gelassen,
auch wenn ich mich von dir abgewandt habe
und gefallen bin.
Mein neues Lebensjahr, meine Zukunft
liegt wie ein weithin unbekanntes Land vor mir.
Bleibe bei mir mit deiner Liebe
und deinem Schutz,
schenke mir Gesundheit und Kraft,
erleuchte mich durch deinen Heiligen Geist
bei meinen Entscheidungen.
Lass mich den Weg erkennen,
den du für mich bestimmt hast.
Dir vertraue ich, hilf mir.

Ein Lebensjahr ist vergangen,
ich danke dir dafür.
Du hast mich geführt durch alle hellen
und dunklen Stunden,
du bist mir nahe gewesen Tag und Nacht.
Ich bitte dich für das neue Jahr
und den Weg meines Lebens:
Bewahre mch vor allem Unglück,
schütze mich in Gefahren,
erhalte mir Gesundheit und Schaffenskraft.
Segne, was ich tue und rede,
damit durch mein Leben deine Liebe leuchte.

**Zum Namenspatron**

Heilige(r) ..., ich trage deinen Namen.
Einst hast du auf Erden gelebt wie ich. Christus hat dir deinen Weg gezeigt und du bist ihm begeistert gefolgt, auch wenn es schwer war. Du hast Gott und die Menschen geliebt und ihnen freudig gedient. Nach deinem Tod hat dich der Herr aufgenommen in seine Herrlichkeit. Nun bist du bei ihm im ewigen Glück.
Ich will auch den Weg gehen, den Christus mir zeigt. Du kannst mir dabei helfen. Bitte für mich bei Gott, dass ich den rechten Weg erkenne, dass ich ihn begeistert gehe, dass ich Gott und die Menschen immer mehr liebe, dass ich ihnen freudig diene.

# *Alter*

## In den letzten Berufsjahren

Herr, ich weiß es,
ich werde alt oder bin es schon.
Meine jüngeren Kollegen lächeln über mich: Opa, geh in die Rente! Sie sind wendiger als ich, können sich neuen Gegebenheiten besser anpassen.
Gib mir Kraft, o Gott, meine Arbeitsjahre gut zu vollenden, und lass mich keinen Schaden anrichten.
Zeige mir, wann es für meine Kollegen und für mich besser ist, mich zurückzuziehen.
Schenke mir Kraft und Einsicht, mein demnächst wohl ruhigeres Leben nach deinem Willen zu gestalten.

## Um Verständnis der Jüngeren

Herr, bin ich weniger wert, nur weil ich alt bin? Es tut weh, wenn sie mich in herablassender Art als »altes Muttchen« oder »Opachen« bezeichnen und mit mir reden wie mit einem Vorschulkind.
Ich zähle mich noch lange nicht zum alten Eisen, und mein Geist ist noch hellwach. Vieles verstehe ich heute sogar besser als früher, und meine Lebenserfahrung ist nicht weniger wert, als »jung und dynamisch« zu sein.
Hilf meinen Mitmenschen, mich so zu akzeptieren

und zu achten, wie ich bin, und gib mir Langmut und Humor, damit ich nicht zu empfindlich werde. Schenke uns allen mehr Verständnis.

## Für die Enkel

Herr, ich danke dir, dass du mir die Enkel geschenkt hast. Sie habe ich ersehnt, und ich war voller Freude, als sie ganz klein waren.
Nun aber machen sie mir manches Mal Sorgen. Oft bin ich erschrocken, wenn ich sehe, wie sie sich benehmen und was sie alles als selbstverständlich begehren. Ich habe Angst, dass sie auf falsche Bahnen geraten.
Mit den Eltern gibt es immer wieder Zusammenstöße wegen der Erziehung. Ich weiß, dass sich die Zeiten geändert haben, aber ist darum alles Altüberkommene falsch?
Herr, bewahre mich vor nutzlosen Klagen und zermürbender Sorge. Du hast mir in meinem Leben in so mancher Not geholfen. Lass mich immer daran denken und dann darauf vertrauen, dass du deine Hand auch über meine Enkel hältst.

## Rückblick

Wie wäre es mir ergangen, wenn du mich schon vor einigen Jahrzehnten aus dieser Welt abberufen hättest? Damals stand ich in der Blüte des Lebens, im Drang

der Geschäfte, im Sturm der Leidenschaften, unter der Herrschaft mancher Gewohnheiten.
Du hast mir viele Jahre geschenkt und damit Zeit gegeben, Versäumtes nachzuholen, Verfehltes wieder gutzumachen und Ungeordnetes zu ordnen.
Dafür danke ich dir alle Tage meines Lebens.

## Im Seniorenheim

Gott, nun bin ich wohl bei der letzten Station meiner Lebensreise angekommen, im Seniorenheim.
Es soll mein Vorzimmer zu dir werden.
Hilf mir, o Herr, nicht zu verbittern und mich einzuigeln. Ich will meiner neuen Umgebung gegenüber aufgeschlossen sein, dankbar für alle Hilfe und Fürsorge, die ich ja benötige, aber auch das tun, was ich noch kann.
Den anderen Heimbewohnern will ich mich zuwenden, ohne mich aufzudrängen oder in den Vordergrund zu spielen.
Ich will mich freuen über jeden Besuch meiner Angehörigen, ihre Sorgen im Geist und im Gebet mittragen und ihnen keinesfalls vorwerfen, mich abgeschoben zu haben. Sie brauchen ihre Kraft, ihr eigenes Leben zu gestalten.
Herr, unser Heim steht unter deinem Schutz. Dir empfehle ich alle, die hier wohnen und arbeiten oder uns besuchen.
Sei immer mit uns.

# Miteinander leben

Herr, sie machen mir Mühe,
alle die Menschen, so, wie sie sind.
Manchmal möchte ich auf und davon –
weit fort, um ihnen zu entgehen,
denn sie ermüden mich sehr, so, wie sie sind.
Herr - welche Anmaßung!
Du liebst sie alle, so, wie sie sind;
die Feinen, die Groben, die Klugen, die Dummen,
die Tapferen, die Feigen,
die Fröhlichen, die Traurigen, alle alle –
Herr, lass mich nie vergessen,
dass du dich hinter jedem Antlitz birgst.
Lass mich sie lieben alle, alle, so, wie sie sind!

Hilf uns, Herr, dass wir Liebe haben
zu allen Menschen.
Lass uns eines Sinnes sein untereinander,
mit den Fröhlichen uns freuen,
mit den Weinenden weinen.
Gib, dass wir uns nicht über andere erheben,
niemandem Böses mit Bösem vergelten,
sondern einander helfen,
die Last des Lebens zu tragen.

Lass uns auf das Gute bedacht sein
und, soviel an uns liegt,
Frieden halten mit allen Menschen.
Hilf uns, das Böse zu überwinden durch das Gute.

## Noachs Arche

Wenn du sie damals nicht alle
mit hineingelassen hättest in die Arche,
die bunten und verschiedenartigen Tiere,
um wie viel ärmer wäre deine Menschheit, Herr.
Niemand weiß besser als du,
wie viel wir bis heute
gemeinsam haben mit deinen Tieren.
Hilf mir, mit allen zurechtzukommen:
mit den Meckerziegen und albernen Gänsen,
mit alten Drachen und lahmen Enten,
mit Mistkäfern, Trampeltieren und Windhunden,
mit sturen Böcken und komischen Käuzen,
mit Nachtfaltern und Eintagsfliegen,
mit Leithammeln und folgsamen Schafen,
mit verwöhnten Schoßhündchen und Pechvögeln.
Gib mir Verständnis
für Einsiedlerkrebse und gesellige Pinguine,
für wendige Wiesel und tapsige Bären,
für schlanke Giraffen und fette Masthähnchen,
für giftige Nattern und lustige Spaßvögel,
geduldige Lämmer und wilde Wölfe,
stachelige Igel und anschmiegsame Angorakatzen.

Hilf mir beim Zusammenleben
mit den fleißigen Bienen und faulen Siebenschläfern,
mit hässlichen Raupen und wunderschönen Schmetterlingen,
mit stolzen Pfauen und unscheinbaren Kirchenmäusen,
mit starken Löwen und scheuen Rehen.
Herr, es ist nicht immer ganz einfach,
es in deiner Arche auszuhalten.
Gib mir die nötige Geduld und eine Prise Humor,
sie alle zu ertragen
und jedem Tierchen sein Pläsierchen zu lassen.
Und vor allem: Lass mich nicht vergessen, Herr,
dass ich für die anderen manchmal
auch ein ziemlich seltsamer Vogel bin.

## Für die Freundschaft

Herr des Lebens, hilf mir, ein Freund zu sein,
ein Freund, dem man vertrauen kann,
der den anderen in Schutz nimmt,
wenn man über ihn redet oder ihn kritisiert.
Niemand hat größere Liebe,
als wenn er sein Leben hingibt für seine Freunde. –
Ich dagegen bin manchmal nicht einmal fähig,
fünf Minuten für die Menschen übrig zu haben,
die meine Zeit dringend brauchen.
Herr, hilf mir, dass ich beides erkenne:
Freundschaft als Geschenk
und Freundschaft als Verantwortung.

# In schweren Zeiten

## *Verzweiflung und Enttäuschung*

Herr, das Leben verlangt oft viel von uns. Sorgen bedrücken unseren Alltag. Dennoch erwartest du von uns, dass wir froh sind.
Herr, gib mir die Kraft des Glaubens, die von deiner frohen Botschaft ausgeht. Du kennst die Not meines Lebens, aber mit dir kann ich all dieses Bedrückende bestehen.
Die Freude deines Herzens kam aus der Liebe zum Vater. Herr, zeige mir den Weg zu deinem Vater.
Ihm möchte ich verbunden bleiben, so wie du in ihm den Frieden hattest, den die Welt nicht geben kann.

## *Angst*

Lieber Gott! Du weißt, was mich bedrückt. Du siehst meine Angst. Lass mich nicht allein. Reich mir deine Hand und führe mich in dein Licht.

## *Alleinsein und Einsamkeit*

Ich kann es schwer verstehen, wenn andere sich in der Ehe einsam fühlen. Herr, ich suche noch den Menschen, der zu mir passt.
Wenn meine Freunde über ihre Ehe klagen und die Kinder als Last empfinden, denke ich: Herr, ich möchte nicht mehr allein sein.
Du lässt uns jeden Tag wieder anfangen. Du gibst uns stündlich eine neue Chance, um zu lieben.
Lehr uns die Kunst, verliebt zu sein in das Glück der anderen.

## *Arbeitslosigkeit*

Herr Gott, lieber Vater! Zu dir rufe ich in der Not meiner Untätigkeit. Andere arbeiten, ich stehe abseits. Ich kann meine Familie nicht erhalten. Siehst du nicht, wie ich darunter leide? Wie lange willst du mich denn noch warten lassen?
Du Herrscher im Himmel und auf Erden, erbarme dich und wende meine Not. Lass mich doch erkennen, was du mir durch diese Zeit der Arbeitslosigkeit sagen willst. Gib auch mir wieder eine Arbeit nach deinem Willen, denn du vermagst alles.

## *Finanzielle Not*

Herr, weil ich dir alles sagen kann, bringe ich jetzt meine Not vor dich: mit meinem Geld komme ich nicht aus. Vielleicht liegt es an meinem Unvermögen, richtig einzuteilen. Vielleicht verplane ich Summen dort, wo sie vertan sind. Vielleicht ist es wirklich zu knapp, um den Pflichten nachzukommen, die mir auferlegt sind.
Lass mich meine Lage richtig erkennen und eine gute Einteilung meiner Mittel finden. Bewahre mich vor Neid, Habgier und Schielen nach unredlichem Gut. Löse mich von eigenwilligen Wünschen und Erwartungen.
Wenn ich auf manches verzichten muss, dann soll mir das desto größer sein, was ich an dir selber habe. Was ich wirklich brauche, wirst du mir nicht versagen. Du schenkst uns unser täglich Brot und alles, was zu gehört.
Lehre mich bei einem wirklichen Mangel zuversichtlich auf deine Durchhilfe zu vertrauen.

## *Ehekrise*

Vater im Himmel, ich hätte nie gedacht, dass wir einander so wehtun können. Ich erkenne immer

mehr, wie schwer es ist zu lieben und wie schwach wir sind.
Hilf uns, dass wir einander verzeihen können.
Lass uns erkennen, was wir falsch gemacht haben.
Lass uns immer wieder einen Weg finden, der uns zueinander führt. Lass unsre Liebe nicht untergehen, sondern reifer werden.
Hilf uns, Herr.

## *Scheidung*

Danke, Herr, für diese Entscheidung. Nun also wurde diese Ehe geschieden. Es ist ja doch nur noch Qual gewesen, Streit und Hass waren an der Tagesordnung, und die Kinder haben gelitten, entsetzlich gelitten. Danke, Herr, dass diese Entscheidung gefallen ist, weil diese Beziehung nur noch Streit brachte.
Nun gib für alle Betroffenen neues Leben und eine sichtbare Zukunft. Gib, dass die Kinder in ihren Gedanken Gutes bewahren. Lass den neuen Anfang gelingen.

## *Krankheit*

Ich bin krank und habe Fieber,
lieg im Bett, mir geht's nicht gut.
Kopfweh, Übelkeit und Husten –
wer weiß, was sich sonst noch tut.
Doch das eine darf ich wissen:
Du, mein Heiland, bist bei mir,
auch die Eltern (Schwestern), die mich pflegen.
Das ist gut. Ich danke dir.

*Kindergebet*

Vater, es fällt mir schwer, zu sagen: »Dein Wille geschehe.« Ich bin niedergeschlagen und habe keinen Mut mehr. Die Schmerzen sind unerträglich. Alles, was mein Leben ausgemacht hat, scheint mir weit weg: die Menschen, die zu mir gehören, meine Arbeit, meine Freuden, mein ganz alltägliches Tun. Auch wenn ich mutlos bin, Herr, ich will versuchen, ja zu sagen zu dem, was ist: zu meinen Schmerzen, zu meiner Schwäche, zu meiner Hilflosigkeit. Ich will alles ertragen, so gut es geht. Lass mein Leiden nicht umsonst sein.
Segne mich, Vater. Segne alle Menschen, die mir Gutes tun und mir helfen. Segne alle, die wie ich leiden müssen. Und wenn du willst, lass mich und die anderen gesund werden.

## Bei einer sehr schweren Krankheit

Plötzlich liege ich da, hilflos, und habe doch noch so viele Pläne und Aufgaben.
Meine Kinder sind noch klein, sie brauchen mich.
Die Arbeit wartet auf mich und: ich habe noch manches gutzumachen.
O Gott, lass meinen Weg noch nicht zu Ende sein. Lass mich noch einmal gesund werden und dir danken.

## *Sterben*

Herr, ich weiß, dass du mich liebst, dass mein Sterben genauso in deinen Händen liegt wie mein Leben. Ich will glauben, dass alles, so wie es kommt, in deine Liebe eingeschlossen ist.
So wie du es fügst, wird es gut sein für mich.
Hilf mir, deinen Willen zu verstehen und anzunehmen. Hilf mir, täglich bereit zu sein, wenn du mich rufst. Lass mich versöhnt mit dir sterben, in der Hoffnung, dass du mir alles zum Guten wendest.
Herr, dein Wille geschehe.

Herr, keine Stunde meines Lebens ist so gewiss wie die meines Todes. Aber auch keine Stunde ist so ungewiss. Ich weiß nicht, wann, ich weiß nicht, wie, ich weiß nicht, wo sie mich treffen wird. Nur das eine weiß ich, dass sie mir Angst und Schrecken einjagen wird.
Darum, Herr, bitte ich dich schon jetzt, verlass du mich nicht in dieser Stunde, in deine Hände lege ich mein Leben und Sterben.

## *Tod*

Herr, gib unseren Toten die ewige Ruhe,
und das ewige Licht leuchte ihnen.
Herr, lass sie ruhen im Frieden! Amen.

Gott, schenk deine Herrlichkeit, deine Zukunft und deine Treue den Verstorbenen. Wir können nicht glauben, dass ihr Leben umsonst vorbeiging und alles, was sie für Menschen bedeutet haben, nun verloren sein soll.
Vielmehr vereinigen wir uns mit dem Glauben, in dem sie selbst festgehalten haben an dir bis zum Ende, an dir, ihrem Gott und unserem Gott, der für uns lebt heute und alle Tage bis in Ewigkeit.

## Für den verstorbenen Ehepartner

Vater, du hast meinen Mann/meine Frau zu dir genommen. Wir sind ein Stück unsres Lebens miteinander gegangen.
Wir haben vieles miteinander geteilt, Freud und Leid, frohe und schwere Stunden. Es war schön, wenn es auch nicht immer leicht war. Dafür danke ich dir.
Nun hat mein Mann/meine Frau zuerst das Ziel erreicht. Ich bleibe allein zurück. Lohne ihm/ihr alle Liebe und Treue mit ewiger Freude; mir aber gib Kraft zu sagen: dein Wille geschehe, auch wenn dein Weg unbegreiflich ist.
Und lass uns im Himmel mit dir vereint sein.

## Dankgebet

O Herr, heute bin ich mit knapper Not dem Tod entgangen. Ich danke dir, dass du mich im letzten Augenblick zurückgerissen hast. Was wäre aus mir geworden, wenn ich jetzt vor deinem Angesicht stünde? Du hast mir heute gezeigt, wie kostbar das Leben ist und dass jeder einzelne Tag ein Geschenk aus deiner Hand ist. Hilf mir, ihn bewusst in deinem Namen zu leben.

# Welt und Schöpfung

## Um Versöhnung

Herr, unsere Erde ist nur ein kleines Gestirn im großen Weltall. An uns liegt es, daraus einen Planeten zu machen, dessen Geschöpfe nicht von Kriegen gepeinigt werden, nicht von Hunger und Furcht gequält, nicht zerrissen in sinnloser Trennung nach Rasse, Hautfarbe oder Weltanschauung.
Gib uns den Mut und die Voraussicht, schon heute mit diesem Werk zu beginnen, damit unsere Kinder und Kindeskinder einst mit Stolz den Namen Mensch tragen.

*Gebet der Vereinten Nationen von Stephan Vincent Benét (1898 bis 1943), amerikanischer Schriftsteller*

## Gegen Not und Ungerechtigkeit

Lass das Böse geringer werden
und das Gute um so kräftiger sein.
Lass Traurigkeit schwinden
und Freude um sich greifen.
Lass uns annehmen und geben können
und einander behilflich sein.
Lass Missverständnisse aufhören
und Enttäuschte Mut gewinnen.

Lass Kranke Trost finden
und Sterbende dein Erbarmen.
Lass uns wohnen können auf Erden
und die Ernten gerecht verteilen.
Lass Frieden unter den Menschen sein,
in den Herzen und rund um die Welt.

## *Für die Schöpfung*

Herr, unser Gott, du hast uns Menschen mit einem suchenden und forschenden Geist begabt, du hast uns geboten: Macht euch die Erde untertan.
Hilf uns, Menschen des technischen Zeitalters, erkennen, dass die Pflanzen, die Tiere und die Menschen deine Geschöpfe sind. Wecke neue Verantwortung dem Geschaffenen gegenüber. Schärfe die Gewissen derer, die in den wissenschaftlichen Zentren arbeiten und planen, dass sie verantwortlich denken und handeln und dabei die Würde des Menschen und der Natur vor Augen haben.
Deine reichen Gaben lehre uns so zu gebrauchen, dass kein Mensch mehr Hunger haben muss. Wehre allem, was zu einem Atomkrieg treibt. Gib, dass unser Geschlecht das Denken lerne.

## *Um Frieden*

Verleih uns Frieden gnädiglich,
Herr Gott, zu unsern Zeiten.
Es ist ja doch kein andrer nicht,
der für uns könnte streiten,
denn du, unser Gott, alleine.
*Martin Luther (1483–1546), Reformator*

Sende deinen Frieden, o Herr,
der vollkommen und ewig ist,
damit unsere Seelen Frieden ausstrahlen mögen.
Sende deinen Frieden, o Herr,
damit unser Denken, Reden und Tun
im Einklang sein mögen.
*hl. Franz von Sales (1567–1622), Ordensgründer*

Gib, dass der Friede Gottes unser Herz
und unsern Geist lenke
jetzt und zu jeder Zeit.
*hl. Anselm von Canterbury (um 1033–1109), Erzbischof*

Herr, mach mich zu einem Werkzeug
deines Friedens,
dass ich liebe, wo man hasst;
dass ich verzeihe, wo man beleidigt;
dass ich verbinde, wo Streit ist;
dass ich die Wahrheit sage, wo Irrtum ist;
dass ich Glaube bringe, wo Zweifel droht;
dass ich Hoffnung wecke, wo Verzweiflung quält;
dass ich Licht entzünde, wo Finsternis regiert;
dass ich Freude bringe, wo Kummer wohnt;
Herr, lass mich trachten,
nicht dass ich getröstet werde,
sondern dass ich tröste;
nicht dass ich verstanden werde,
sondern dass ich verstehe;
nicht dass ich geliebt werde,
sondern dass ich liebe.
Denn wer sich hingibt, der empfängt;
wer sich selbst vergisst, der findet;
wer verzeiht, dem wird verziehen;
und wer stirbt, der erwacht zum ewigen Leben.

*Aus „Souvenir Normand" 1912,*
*oft fälschlicherweise Franz von Assisi zugeschrieben*

# *Segenswünsche*

## *für den Tag,*
## *für das Jahr,*
## *für das Leben*

Segen ist Geschenk Gottes, und Segnen heißt, das Geschenk weitergeben. Dieses Geschenk zeigt uns, dass wir in Gottes Hand geborgen sind. Segen als persönliche Zusage Gottes gilt für alle, unabhängig von Verdienst und Leistung. Segen schenkt Freude, Segen tröstet, Segen macht Mut, Segen verbindet. Segen beschützt uns nicht unbedingt vor schwierigen Situationen, aber er gibt uns die Kraft, diese zu bestehen und stärker aus den Schwierigkeiten hervorzugehen.
Lassen Sie sich einladen zum Lesen und Staunen über dieses einzigartige Geschenk Gottes. Vielleicht erfahren Sie ein wenig von der Kraft des Segens und können diese Erfahrung anderen schenken. So beginnt der Segen Gottes in der Welt zu wirken.

*Robert Rothmann*

# Segen aus der Bibel

## *Segen aus dem Alten Testament*

Und Gott segnete den siebten Tag und erklärte ihn für heilig; denn an ihm ruhte Gott, nachdem er das ganze Werk der Schöpfung vollendet hatte.
*Gen 2,3*

Und der Herr, der Gott eurer Väter, lasse eure Zahl auf das Tausendfache wachsen und segne euch, wie er es euch versprochen hat.
*Dtn 1,11*

Habe ich dir nicht befohlen: Sei mutig und stark? Fürchte dich also nicht und hab keine Angst; denn der Herr, dein Gott, ist mit dir bei allem, was du unternimmst.
*Jos 1,9*

So segne jetzt gnädig das Haus deines Knechtes, damit es ewig vor deinen Augen Bestand hat.

Denn du, mein Herr und Gott, hast es versprochen, und mit deinem Segen wird das Haus deines Knechtes für immer gesegnet sein.
*2 Sam 7,29*

Doch alle sollen sich freuen,
die auf dich vertrauen,
und sollen immerfort jubeln.
Beschütze alle, die deinen Namen lieben,
damit sie dich rühmen.
Denn du, Herr, segnest den Gerechten.
Wie mit einem Schild deckst du ihn mit deiner Gnade.
*Ps 5,12-13*

Der Segen des Herrn sei mit euch!
Wir segnen euch im Namen des Herrn!
*nach Ps 129,8*

Gesegnet der Mann, der auf den Herrn sich verlässt und dessen Hoffnung der Herr ist. Er ist wie ein Baum, der am Wasser gepflanzt ist und am Bach seine Wurzeln ausstreckt: Er hat nichts zu fürchten, wenn Hitze kommt; seine Blätter bleiben grün; auch in einem trockenen Jahr ist er ohne Sorge, unablässig bringt er seine Früchte.
*Jer 17,7-8*

Der Herr behüte dich vor allem Bösen, er behüte dein Leben. Der Herr behüte dich, wenn du fortgehst und wiederkommst, von nun an bis in Ewigkeit.
*Ps 121,7-8*

## *Segen aus dem Neuen Testament*

Er sagte: Selig, die arm sind vor Gott; denn ihnen gehört das Himmelreich.
Selig die Trauernden; denn sie werden getröstet werden.
Selig, die keine Gewalt anwenden; denn sie werden das Land erben.
Selig, die hungern und dürsten nach der Gerechtigkeit; denn sie werden satt werden.
Selig die Barmherzigen; denn sie werden Erbarmen finden.
Selig, die ein reines Herz haben; denn sie werden Gott schauen.
Selig, die Frieden stiften; denn sie werden Söhne Gottes genannt werden.
Selig, die um der Gerechtigkeit willen verfolgt werden; denn ihnen gehört das Himmelreich.
Selig seid ihr, wenn ihr um meinetwillen beschimpft und verfolgt und auf alle mögliche Weise verleumdet werdet.
*Mt 5,3-12*

Als Jesus das sah, wurde er unwillig und sagte zu ihnen: Lasst die Kinder zu mir kommen; hindert sie nicht daran! Denn Menschen wie ihnen gehört das Reich Gottes. Amen, das sage ich euch: Wer das Reich Gottes nicht so annimmt wie ein Kind, der wird nicht hineinkommen. Und er nahm die Kinder in seine Arme; dann legte er ihnen die Hände auf und segnete sie.
*Mk 10,14-16*

Wenn ihr in ein Haus kommt, so sagt als erstes: Friede diesem Haus!
*Lk 10,5*

Frieden hinterlasse ich euch, meinen Frieden gebe ich euch; nicht einen Frieden, wie die Welt ihn gibt, gebe ich euch. Euer Herz beunruhige sich nicht und verzage nicht.
*Joh 14,27*

Der Gott der Hoffnung aber erfülle euch mit aller Freude und mit allem Frieden im Glauben, damit ihr reich werdet an Hoffnung in der Kraft des Heiligen Geistes.
*Röm 15,13*

Gepriesen sei der Gott und Vater unseres Herrn Jesus Christus: Er hat uns mit allem Segen seines Geistes gesegnet durch unsere Gemeinschaft mit Christus im Himmel.
*Eph 1,3*

Euch aber lasse der Herr wachsen und reich werden in der Liebe zueinander und zu allen, wie auch wir euch lieben, damit euer Herz gefestigt wird und ihr ohne Tadel seid, geheiligt vor Gott, unserem Vater, wenn Jesus, unser Herr, mit allen seinen Heiligen kommt.
*1 Thess 3,12-13*

Der Gott des Friedens heilige euch ganz und gar und bewahre euren Geist, eure Seele und euren Leib unversehrt, damit ihr ohne Tadel seid, wenn Jesus Christus, unser Herr, kommt.
Gott, der euch beruft, ist treu; er wird es tun.
*1 Thess 5,23-24*

Jesus Christus aber, unser Herr und Gott, unser Vater, der uns seine Liebe zugewandt und uns in seiner Gnade ewigen Trost und sichere Hoffnung geschenkt hat, tröste euch und gebe euch Kraft zu jedem guten Werk und Wort.
*2 Thess 2,16-17*

Der Gott des Friedens aber, der Jesus, unseren Herrn, den erhabenen Hirten seiner Schafe, von den Toten heraufgeführt hat durch das Blut eines ewigen Bundes, er mache euch tüchtig in allem Guten, damit ihr seinen Willen tut. Er bewirke in uns, was ihm gefällt, durch Jesus Christus, dem die Ehre sei in alle Ewigkeit. Amen.

*Hebr 13,20-21*

Gepriesen sei der Gott und Vater Jesu Christi, unseres Herrn, der Vater des Erbarmens und der Gott allen Trostes.
Er tröstet uns in all unserer Not, damit auch wir die Kraft haben, alle zu trösten, die in Not sind, durch den Trost, mit dem auch wir von Gott getröstet werden.
Wie uns nämlich die Leiden Christi überreich zuteil geworden sind, so wird uns durch Christus auch überreicher Trost zuteil.

*2 Kor 1,3-5*

Vergeltet nicht Böses mit Bösem noch Kränkung mit Kränkung! Stattdessen segnet; denn ihr seid dazu berufen, Segen zu erlangen.

*1 Petr 3,9*

# Segen der Kirche

## Altkirchliches Segensgebet

Der Herr sei vor dir,
um dir den rechten Weg zu zeigen.
Der Herr sei neben dir,
um dich in die Arme zu schließen,
um dich zu schützen vor Gefahren.
Der Herr sei hinter dir,
um dich zu bewahren vor der Heimtücke des Bösen.
Der Herr sei unter dir,
um dich aufzufangen, wenn du fällst.
Der Herr sei mit dir,
um dich zu trösten, wenn du traurig bist.
Der Herr sei um dich herum,
um dich zu verteidigen,
wenn andere über dich herfallen.
Der Herr sei über dir, um dich zu segnen.
So segne dich der gütige Gott
heute, morgen und allezeit
*Nach Sedulius Caelius (425–450), Mönch*

Es segne euch der allmächtige Gott, der Vater und der Sohn und der Heilige Geist. Amen.

Preist Gott, der seinen Segen gibt
den Erdenkindern, die er liebt.
Sein' Frieden teilt er reichlich aus,
entlässt uns alle jetzt nach Haus.
*Alter Segensspruch*

Gott, der Herr, segne uns mit seiner himmlischen Segenskraft;
er reinige und heilige uns, dass wir vor ihn treten können.
Seine unaussprechliche Herrlichkeit wohne in uns.
Er schenke uns Weisheit durch sein Wort der Wahrheit;
er leite uns durch sein Evangelium des Heils
und mache uns reich durch seine Liebe
in Jesus Christus, unserem Herrn.
*Aus einem alten Sakramentar*

Ich bin dein Schutzengel, eins mit dir von Geburt bis zum Tod. Ich bin bei dir, in dir, neben dir, über dir, hinter dir. Ich bin, wer du sein sollst und im Innersten sein willst. Ich trauere mit dir und weine mit dir, ich freue mich mit dir und liebe mit dir. Ich schütze dich, ich kämpfe für dich, ich leite dich. Wann immer du mich rufst, bin ich schon bei dir, und ich helfe dir auch dann, wenn du es nicht weißt. Meine Flügel umhüllen dich wie ein leuchtendes Kleid. Ich bin Gottes Segen. Immer bei dir.
*Aus der Maulbronner Liturgie*

Es segne und behüte uns der allmächtige und barmherzige Gott, der Vater, der Sohn und
der Heilige Geist. Amen.

Zu dir, Herr, erheben wir unseren Blick und auf dich setzen wir unsere Hoffnung. Denn dir gebührt aller Ruhm, alle Ehre und Anbetung, dem Vater, dem Sohn und dem Heiligen Geist, jetzt und allezeit und von Ewigkeit zu Ewigkeit.

*Aus Russland*

Der allmächtige und gütige Gott
schenke uns Segen und Heil.
Er offenbare uns die Wege seiner Weisheit.
Er stärke unseren Glauben durch sein Wort
und schenke uns die Gnade,
nach seiner Weisung zu leben,
damit in allem sein Wille geschehe.
Er lenke unsere Schritte
auf den Weg des Friedens.
Er mache uns beharrlich im Guten
und vollende uns in der Liebe.
Amen.

*Nach dem Messbuch*

Lobe den Herren,
der sichtbar dein Leben gesegnet,

der aus dem Himmel mit Strömen der Liebe geregnet.
Denke daran, was der Allmächtige kann,
der dir mit Liebe begegnet.
*Joachim Neander (1650–1680), Pastor, Kirchenlieddichter und -komponist*

Allmächtiger Gott, gewähre deinen Dienern, die zu dir rufen, deinen Schutz und deine Gnade. Schenke uns die Gesundheit des Leibes und das Heil der Seele. Gib uns herzliche Liebe zueinander und die ständige Bereitschaft, dir zu dienen. Darum bitten wir durch Christus, unseren Herrn. Amen.

**Aaronitischer Segen**

Der Herr segne dich und behüte dich.
Der Herr lasse sein Angesicht über dich leuchten und sei dir gnädig.
Der Herr wende sein Angesicht dir zu und schenke dir Heil.
*Num 6,24-26*

Der Herr ist in unserer Mitte. Er bleibt bei uns, wenn wir auseinander gehen. Er bleibt bei uns auf unseren Wegen durch die Tage: Dann sind es Wege, die zum Vater führen. Sein Reich wird kommen und uns retten von Not und Tod.

Es segne mich der Vater,
der mich erschaffen hat;
es behüte mich der Sohn,
der für mich am Kreuz gelitten hat;
es erleuchte mich der Heilige Geist,
der in mir lebt und wirkt.

Was unseren Geist jung erhält, ist der Glaube;
was unser Herz jung erhält, ist die Liebe;
was unseren Willen jung erhält, ist die Hoffnung,
was unser Leben jung erhält, ist Christus.
Denn er ist der Weg, die Wahrheit und das Leben.

Und der Friede Gottes, der höher ist als alle Vernunft, bewahre eure Sinne in Christus Jesus. Amen.
*nach Phil 4,7*

Geht mit der Einsicht, dass Jesus euch bei eurem Namen gerufen hat und ihr zu ihm gehört.
Geht mit der Absicht, ihm euren Dank zu sagen mit Worten und Taten, mit Händen und Füßen.
Geht mit der Aussicht, dass Jesus bei euch ist bis ans Ende der Welt.

# Segen für den Tag

## *Am Morgen*

### Luthers Morgensegen

*Des Morgens, wenn du aufstehst, kannst du dich segnen mit dem Zeichen des heiligen Kreuzes und sagen:*

Das walte Gott Vater, Sohn und Heiliger Geist! Amen.

*Darauf kniend oder stehend das Glaubensbekenntnis und das Vaterunser. Wenn du willst, so kannst du dies Gebet dazu sprechen:*

Ich danke dir, mein himmlischer Vater, durch Jesus Christus, deinen lieben Sohn, dass du mich diese Nacht vor allem Schaden und Gefahr behütet hast, und bitte dich, du wollest mich diesen Tag auch behüten vor Sünden und allem Übel, dass dir all mein Tun und Leben gefalle. Denn ich befehle mich, meinen Leib und Seele und alles in deine Hände. Dein heiliger Engel sei mit mir, dass der Feind keine Macht an mir findet.

*Alsdann mit Freuden an dein Werk gegangen und etwa ein Lied gesungen oder was dir deine Andacht eingibt.*

## Ich erhebe mich heute

Ich erhebe mich heute durch eine gewaltige Kraft, die Anrufung des dreieinigen Gottes, und bekenne den Schöpfer der Schöpfung.
Ich erhebe mich heute durch die Kraft des Himmels, Licht der aufgehenden Sonne, Glanz des Mondes, Leuchten des Feuers, Eilen des Blitzes, Tiefe des Meeres, Beständigkeit der Erde, Festigkeit der Felsen.
Ich erhebe mich heute durch die Kraft Gottes, die mich lenkt.
Gottes Macht halte mich aufrecht, Gottes Weisheit führe mich, Gottes Auge schaue für mich, Gottes Ohr höre für mich, Gottes Wort spreche für mich, Gottes Hand schütze mich, Gottes Weg liege vor mir, Gottes Schild schirme mich.
Christus sei mir zur Rechten, Christus sei mir zur Linken. Er die Kraft. Er der Friede.
Christus sei, wo ich liege. Christus sei, wo ich sitze. Christus sei, wo ich stehe. Christus sei in der Tiefe, Christus sei in der Höhe, Christus sei in der Weite. Christus sei im Herzen eines jeden, der meiner gedenkt. Christus sei im Munde eines jeden, der von mir spricht. Christus sei in jedem Auge, das mich sieht, Christus in jedem Ohr, das mich hört.
Gott – mein Herr.
Gott – mein Erlöser.
Ich erhebe mich heute durch eine gewaltige Kraft, die Anrufung des dreieinigen Gottes.

*Patrick von Irland (385–464), Bischof, Glaubensbote*

Freundlich hast du mich
aus dem Dunkel der Nacht
zum Licht des neuen Tages geführt.
Lob sei dir, guter Gott!
Segne diesen Tag und alle meine Tage,
die ich unterwegs bin zu dir.

Ich lege an die Kraft des Himmels,
das Licht der aufgehenden Sonne,
die Strahlen des Mondes,
den Glanz des Feuers,
die Beständigkeit der Erde,
die Härte eines Steines.
Ich lege an Gottes Kraft als mein Steuer,
Gottes Macht als meine Stütze,
Gottes Weisheit als meinen Weg,
Gottes Ohr als mein Hören,
Gottes Hand als meinen Schutz,
Gottes Weg als meine Zukunft.
Ich lege an die Kraft des Herrn,
bekenne ihn, der mich schuf als meinen Gott.

Mit Segen lass mich heut aufsteh'n,
Herr Gott, in deinem Schutze geh'n
und reiten, wo hinaus mein Weg sich kehre.
Herr Christ, durch mich gib an den Tag,
was deiner Güte Kraft vermag,
und steh mir bei zu deiner Mutter Ehre.

## *Am Mittag*

In dieser Stunde, da jede Familie zu Tisch sitzt, der Mensch aber doch nicht vom Brot allein lebt, komme ich zu dir, Herr, um für mein Dorf die Nahrung deines Wortes und deinen Segen zu erbitten. Im Namen all derer, die nicht daran denken, dir zu danken, möchte ich das Dankgebet sprechen.
Lob sei dir, Herr, für das Brot, das du unserem Dorf jeden Tag ausreichend bescherst. Lob sei dir für jeden gedeckten Tisch. O Herr, sei bei uns allen mit am Tisch in jedem Haus. Sei Gast in jedem Haus. Amen.

*Gebet eines französischen Pfarrers für sein Dorf*

Wie gut schmeckt das Brot, wenn man es isst.
Gott segne Gerste und Weizen;
wie schön ist es, die frische Luft zu atmen.
Gott segne den Sonnenschein;
wie schön ist es, die Welt kennen zu lernen.
Gott segne die Leute, die kommen und gehen!
Wie schön ist es, sich am Leben zu freuen!
Geber allen Lebens, sei du dafür gesegnet.

*Aus England*

## *Am Abend*

### Luthers Abendsegen

*Des Abends, wenn du zu Bett gehst, kannst du dich segnen mit dem Zeichen des heiligen Kreuzes und sagen:*

Das walte Gott Vater, Sohn und Heiliger Geist! Amen.

*Darauf kniend oder stehend das Glaubensbekenntnis und das Vaterunser. Wenn du willst, so kannst du dies Gebet dazu sprechen:*

Ich danke dir, mein himmlischer Vater, durch Jesus Christus, deinen lieben Sohn, dass du mich diesen Tag gnädiglich behütet hast, und bitte dich, du wollest mir vergeben alle meine Sünde, wo ich Unrecht getan habe, und mich diese Nacht gnädiglich behüten. Denn ich befehle mich, meinen Leib und Seele und alles in deine Hände. Dein heiliger Engel sei mit mir, dass der böse Feind keine Macht an mir finde. Amen.

*Alsdann flugs ins Bett und fröhlich geschlafen.*

Bleibe bei uns, Herr, denn es will Abend werden und der Tag hat sich geneigt.
Bleibe bei uns und bei allen Menschen. Bleibe bei uns am Abend des Tages, am Abend des Lebens, am Abend der Welt.

Bleibe bei uns mit deiner Gnade und Güte, mit deinem Wort und Sakrament, mit deinem Trost und Segen.
Bleibe bei uns, wenn über uns kommt die Nacht der Trübsal und Angst, die Nacht des Zweifels und der Anfechtung, die Nacht des bitteren Todes.
Bleibe bei uns und bei allen deinen Kindern in Zeit und Ewigkeit.

Vergiss die Träume nicht,
wenn die Nacht
wieder über dich hereinbricht
und die Dunkelheit
dich wieder gefangen zu nehmen droht.
Noch ist nicht alles verloren.
Deine Träume und deine Sehnsüchte
tragen Bilder der Hoffnung in sich.
Deine Seele weiß,
dass in der Tiefe Heilung schlummert
und bald in dir
ein neuer Tag erwacht.
Ich wünsche dir,
dass du die Zeiten der Einsamkeit
nicht als versäumtes Leben erfährst,
sondern dass du beim Hineinhorchen
in dich selbst
noch Unerschlossenes
in dir entdeckst.
Ich wünsche dir,

dass dich all das Unerfüllte
in deinem Leben
nicht erdrückt,
sondern dass du dankbar sein kannst
für das, was dir an Schönem gelingt.
Ich wünsche dir,
dass all deine Traurigkeiten
nicht vergeblich sind,
sondern dass du aus der Berührung
mit deinen Tiefen
auch Freude
wieder neu erleben kannst.
*Aus Irland*

## Abendsegen für Kinder

Der Tag geht zu Ende,
aber Gott geht nicht.
Die Nacht bricht herein,
aber Gottes Licht ist bei uns.
Weil er über uns seine Hände hält,
verschwindet alle Angst.
Weil er immer bei uns ist,
wird jeder Tag erst schön.
Es segne dich und mich unser lieber Vater.
Es schaue auf uns Jesus Christus, sein Sohn.
Es komme zu uns der gute Geist Gottes.

# Segen im Jahreskreis

## *Advent*

Herr, erleuchte unser Leben, damit wir das Licht der Guten Nachricht an andere weitergeben können.
Gott ist Zärtlichkeit für jene mit gebrochenen Herzen.
Gott ist Freiheit für jene, die gefangen sind.
Gott ist Liebe für jene, die leiden und hoffen.
Gott ist Gerechtigkeit für jene, die am Rande stehen und Hunger haben nach wahrem Leben.
Mögen die Kerzen uns während der Woche daran erinnern, Licht zu sein.
Dein Licht möge mit uns sein, und es möge uns führen durch die Tage und Wochen des Advents.

## *Weihnachten*

In Christus ist uns Licht gegeben, das uns entzündet mit der Liebe Gottes. Deswegen beschenken wir uns zu Weihnachten. Wir wollen damit sagen: Dieses Geschenk soll daran erinnern, dass Gott uns mit seinem

Sohn beschenkt hat und dass er uns liebt an jedem Tage unseres Lebens. Das Geschenk erinnert auch an die Zuneigung, die wir zueinander haben. Und wir spüren, dass diese Zuneigung eine Kraft ist, die unser Leben zu einem glücklichen Leben macht.
Möge Gott uns helfen, das Licht der Freude, des Teilens und der Freundschaft leuchten zu lassen. Möge das Licht der Liebe Gottes die dunkelsten Winkel der Erde erreichen. Das erbitten wir im Namen des Vaters und des Sohnes und des Heiligen Geistes.

## *Neujahr*

Gesegnet sei das Neue Jahr,
gesegnet Jesu Namen,
gesegnet dieser Gnadentag,
denn Gott will sich erbarmen.
Wir ziehen an ein neues Herz
und opfern uns dem Herren,
kein anderes Geschenk will er,
als dass wir ihn begehren.
*Aus Irland*

## *Dreikönige*

Der Stern, der die Weisen führte, ist das Wegzeichen. Das Licht Gottes leuchtet in die Welt hinein. Es will retten, was sich retten lässt.
Möge uns Gott in unserem Glauben, unserem Hoffen und Lieben stärken und uns helfen, Licht Christi für andere zu sein, damit alle in ihm ihre Kraft und ihre Rettung finden.
Gott ist treu! Ihm sei Lob und Dank.

## *Mariä Lichtmess*

### Beim Anzünden einer Kerze

Segne diese Kerze, segne dieses Licht.
Wir bringen vor dich, Herr, diese Kerze und bitten dich, das wahre Licht: Segne diese Kerze, damit wir in unserer dunklen Zeit einen Abglanz vom Urquell allen Lichtes einfangen.
So bitten wir dich: Strahle mit diesem Licht in unsere Beziehungen, damit wir Kinder des Lichtes werden. Werde du für uns Licht, das alle Finsternis erhellt, und führe uns zu jenem Licht, das nie erlöschen wird.

## *Karfreitag*

Bleibt lebendig, vom Atem Gottes beseelt,
bestellt seine Erde.
Bleibt lebendig, von Gottes Kreuz gerichtet,
richtet euch auf.
Bleibt lebendig, von Gottes Liebe erschaffen,
schafft mit an seinem Reich.

## *Ostern*

Möge der auferstandene Christus dich segnen,
im Lichte des neuen Tages.
O König der Könige, der du den Tod überwunden
hast, steh uns bei.
Wie die Sonne den neuen Tag bringt,
so gibst du uns neue Hoffnung.
Das Blut aus deinen Wunden
verwandelt sich zum Quell neuen Lebens.
O Jesus, sei bei uns in der Nacht und am Tag.
*Aus Irland*

## *Aussaat*

Samen bringen wir – segne sie, o Herr.
Felder bringen wir – segne sie, o Herr.
Geräte bringen wir – segne sie, o Herr.
Erntemesser bringen wir – segne sie, o Herr.
Hände bringen wir – segne sie, o Herr.
Uns selber bringen wir – segne uns, o Herr.
*Aus Ost-Afrika*

## *Pfingsten*

Atme in mir, du Heiliger Geist,
dass ich Heiliges denke!
Treibe mich, du Heiliger Geist,
dass ich Heiliges tue!
Locke mich, du Heiliger Geist,
dass ich Heiliges liebe!
Stärke mich, du Heiliger Geist,
dass ich Heiliges hüte!
Hüte mich, du Heiliger Geist,
dass ich das Heilige nimmer verliere!
*Augustinus von Hippo (354–430), Bischof*

## *Johannisfeuer*

Du brennender Geist Gottes, segne dieses Feuer, das wir zu deinem Lob entzünden werden.
Wir entfachen es ohne böse Gedanken. Es soll die Mächte der Finsternis vertreiben und ein Feuer werden, das uns alle in diesem Kreis verbindet und nie verlöscht.
Heiliges Feuer, Wunder göttlicher Kraft, falle vom Himmel und entzünde alle Menschen mit dem Feuer des Heiligen Geistes: Fange bei uns an, bringe es zu unseren Nachbarn, zu Freunden und Gegnern.

## *Mariä Himmelfahrt*

### Kräuterweihe

Du unser guter Gott, wir preisen dich für das Wunder der Schöpfung. Du hast diese Erde geschaffen, die alles hervorbringt, was die Menschen zum Leben brauchen. Heute bitten wir dich um den Segen für diese Kräuter und Früchte, die wir dir zur Ehre und zu unserem Wohl zusammengetragen haben: Lass die Heilkräuter Genesung bringen, den Glanz der Blumen Freude schenken und den Duft des guten Geistes unter uns sein. Der Segen der ganzen Schöpfung sei unter uns. Mit dem Zeichen des Kreuzes sprechen wir: Gott, du unsere Mutter und unser Vater, heilige uns! Heilender Sohn Gottes, heile uns! Geist Gottes, bringe uns den Segenshauch. Amen.

## *Erntedank*

Gott, Schöpfer des Himmels und der Erde, du lässt die Samen sprießen und die Früchte reifen. Wir haben heute am Erntedankfest die Früchte des Jahres in Freude und zu deinem Lobpreis gebracht. Segne das Korn und den Wein, das Obst und die Wurzelfrüchte; die Werkzeuge und alles, was durch der Hände Arbeit geschaffen wurde. Diese Ernte ist nicht allein das Ergebnis unserer Mühen: Gesegnet hast du alles Wachstum und alle Sorgen um die Ernte.
Wir bitten dich, unser Vater: Gib, dass wir alle Früchte zum Segen gebrauchen. Segne auch den Samen, den wir für das kommende Jahr brauchen.
Lass uns in Freude die Früchte des Jahres verzehren, „denn alles, was du geschaffen hast, ist gut und nichts ist verwerflich, wenn es mit Dank genossen wird; es wird geheiligt durch Gottes Wort und durch das Gebet“ (1 Tim 4,4-5).

## *Reformationstag*

Es wolle Gott uns gnädig sein
und seinen Segen geben.
Sein Antlitz uns mit hellem Schein
erleucht zum ewgen Leben,
dass wir erkennen seine Werk
und was ihm lieb auf Erden,
und Jesus Christus' Heil und Stärk
bekannt den Heiden werden
und sie zu Gott bekehren.
So danken, Gott, und loben dich
die Heiden überalle,
und alle Welt, die freue sich
und sing mit großem Schalle,
dass du auf Erden Richter bist
und lässt die Sünd nicht walten;
dein Wort die Hut und Weide ist,
die alles Volk erhalten, in rechter Bahn zu wallen.
Es danke, Gott, und lobe dich
das Volk in gute Taten;
das Land bringt Frucht und bessert sich,
dein Wort ist wohlgeraten.
Uns segne Vater und der Sohn
uns segne Gott der Heilig Geist,
dem alle Welt die Ehre tu,
vor ihm sich fürchte allermeist.
Nun sprecht von Herzen: Amen!
*Martin Luther (1483–1546), Reformator*

## *Allerheiligen*

Mögen die Heiligen dich beschützen
und dich jeden Tag segnen,
und mögest du von Schmerzen verschont bleiben
auf dem Weg, den du gehst.
*Aus Irland*

## *Christkönig*

Geh mit Christus,
der dir vorausgegangen ist
– zu den Bedrängten,
  um ihnen die Hand zu reichen
– zu den Müden,
  um ihnen die Augen zu öffnen
– zu den Armen,
  um ihnen Brot zu geben
– zu den Gefangenen,
  um ihnen ein Licht anzuzünden
– zu den Verstoßenen,
  um ihnen eine Tür aufzutun.
Geh mit dem Frieden Jesu,
und er wird dein Friede sein.
*Friedens-Kirchengemeinde Arnum*

# Segen im Lebenskreis

## *Geburt*

Herr, segne uns und unser Kind.
Herr, behüte uns und lass uns
unser Kind behutsam aufnehmen.
Herr, sei uns gnädig und hilf uns,
dieses Kind nach deinem Willen zu erziehen.
Herr, erhebe dein Angesicht auf uns,
wenn wir miteinander seinen Lebensweg
ein Stückweit begleiten dürfen.
Herr, gib uns und unserem Kind deinen Frieden.

Herr, ich bringe dir mein Kind. Segne es! Du weißt, ob seine Wege gerade sein werden oder ob ihm Unglück bevorsteht. Du kennst seine Wege, du kennst jede Gefahr.
Wenn du willst, wird mein Kind glücklich werden. Wenn du willst, wird es wachsen und groß werden und eine Freude sein für alle, die ihm begegnen. Herr, segne mein Kind!
*Aus Nordafrika*

## *Taufe*

Gott, du Urheber des Lebens und der Liebe,
du hast Müttern ein Herz für ihre Kinder gegeben.
Blicke auf die Mutter dieses neugetauften Kindes
und segne sie.
Sie dankt für die glückliche Geburt;
möge ihr Kind ihr Freude machen
und in der Freundschaft Jesu heranwachsen.

Gott, du Urheber und Vorbild aller Vaterschaft,
segne in deiner Güte auch den Vater dieses Kindes.
Möge er zusammen mit seinem Kind
zur Reife eines Lebens in Christus kommen.

Gott, du liebst alle Menschen.
Blicke auf die Paten dieses Kindes,
auf seine Geschwister, Verwandten und Freunde
und auf alle, die hier versammelt sind.
Bewahre sie vor dem Bösen und schenke ihnen
die Fülle des Friedens in Christus Jesus, unserm Herrn.
Amen.

*Aus dem Benediktionale*

## *Namenstag*

Kinderfreundlicher Gott, bei der Taufe hast du dieses Kind beim Namen gerufen, als dein Kind angenommen. Ziehe es auch heute an seinem Namenstag in den Segenskreis seines Namenspatrons. Ebenso soll es deine Herrlichkeit erfahren. Vor dir und in unserer Nähe soll es heute unser Mittelpunkt sein und so ganz besonders die Fülle eines fröhlichen und gesunden Lebens erfahren.

## *Geburtstag*

Öffnet einer die Tür für dein neues Jahr,
blickt dir sein erster Tag ins Gesicht.
Jeder kommende schenke dir Licht.
Öffne einer dir Augen und Herz zu sehen.
Gebe einer dir Erde, darauf zu gehen.
Schicke einer dir Menschen an die Tür,
wecke dir Schritte in ihr Erwarten.
Blühe und reife dein Garten.

**Nicht nur am Geburtstag**

Ich wünsche dir, was du gerne magst.
Ich wünsche dir Antworten, wenn du fragst.
Ich wünsche dir Menschen, die mit dir lachen,
dass Gott für dich da ist im Schlafen und Wachen.
Ich wünsche dir Träume, Spiele und Lieder,
in jedem Jahr Gänseblümchen und Flieder.

## *Schulanfang*

Gott sei bei dir an deinem ersten Schultag.
Er helfe dir, wenn du das Neue kennen lernst.
Er lasse dich Freundschaften erleben.
Er schenke dir Freude am Lernen.
Er nehme dir deine Ängste.
Er behüte dich auf deinen Wegen.
Er lasse dich spüren, wie sehr er dich lieb hat
und wie wichtig du ihm bist.

## *Erstkommunion/Erstabendmahl*

Herr, du kommst im Brot zu uns.
Aus vielen Körnern wird ein Brot,
aus vielen Christen wird deine Kirche:
Bewahre unsere Gemeinschaft.
Herr, du kommst im Wein zu uns.
Wie die Traube nur reift,
wenn sie mit dem Weinstock verbunden bleibt,
so können wir nur Frucht bringen,
wenn wir mit dir verbunden bleiben:
Bewahre uns vor der Trennung von dir.

Das himmlische Brot, welches du uns gibst,
bringt uns Segen.
Das irdische Brot, welches wir teilen,
bringt anderen Leben.
Segen zum Leben, Leben zum Segen.

Gott, schenke den Kindern,
die heute zum ersten Mal deinen Leib empfangen,
deinen Schutz und deinen Segen.
Lass sie in Treue und Liebe deinen Weg gehen.
Schenke den Eltern und der Gemeinde die Kraft,
den Kindern Vorbild zu sein.
Das gewähre uns der dreifaltige Gott:
Der Vater, der Sohn und der Heilige Geist.

## *Firmung/Konfirmation*

Herr, dein Heiliger Geist komme mit deinem Segen über uns und erfülle uns ganz. Wir wollen in seiner Kraft deine Jünger sein, deinen Willen tun und deinem Wort folgen. Herr, stärke uns in diesem Vorhaben und beschenke uns mit allem, was wir dazu brauchen.

*Aus England*

Es segne dich Gott, der Vater;
er sei der Raum, in dem du lebst.
Es segne dich Jesus Christus, der Sohn;
er sei der Weg, auf dem du gehst.
Es segne dich Gott, der Heilige Geist;
er sei das Licht, das dich zur Wahrheit führt.

Der Herr schenke dir
die Behutsamkeit seiner Hände,
die Güte seiner Augen,
das Lächeln seines Mundes,
die Treue seiner Schritte,
den Frieden seiner Worte,
die Wärme seines Herzens,
das Feuer seines Geistes,
das Geheimnis seiner Gegenwart!

*Aus Frankreich*

Gott der Kraft,
möge die Kühnheit deines Geistes uns verwandeln,
möge die Güte deines Geistes uns leiten,
mögen die Gaben deines Geistes uns fähig machen,
dir zu dienen und dich anzubeten
jetzt und immerdar
durch Jesus Christus, unseren Herrn.
*Aus Kanada*

Gottes Geist wirke stets in uns,
dass Glaube, Liebe und Hoffnung wachsen
und Frucht bringen nach seinem Willen.
Er zeige uns den Nächsten, der unsere Liebe braucht.
Er lasse uns den Glauben dorthin bringen,
wo Menschen offen dafür sind!
Er segne uns zu Hoffnungsträgern für diese Welt.
Und er schenke uns Frucht, die ewig bleibt.

## *Freundschaft*

Ich wünsch dir einen treuen Freund, der stark ist wie ein Zelt im Sturm. Wenn du ihn findest, halte ihn fest wie einen Schatz.
Ich wünsch dir eine treue Freundin, die standhaft ist wie eine Boje im Meer. Wenn du sie findest, halte sie fest wie ein Seil.

Ich wünsch euch die Treue Gottes, die treu ist, soweit die Wolken ziehen. Wenn ihr diese Treue findet, haltet sie fest in eurem Herzen.

Treffet ihr euren Freund am Wegesrand oder auf dem Marktplatze, so möge der Geist eure Lippen rühren und eure Zunge lenken.
Möge die Stimme im Innern eurer Stimme zum Ohr seines Ohrs reden, denn seine Seele wird die Wahrheit eures Herzens bewahren, wie die Blume des Weins in der Erinnerung lebendig bleibt.
*Khalil Gibran (1883–1931), Dichter*

## *Ehe*

Gott schenke euch viele Wege zueinander, er gewähre euch viel Zeit miteinander. Er fülle eure Tage mit Lachen, und er sei mit euch, auch in euren Traurigkeiten. Er schenke euch den Mut zur Vergebung und Worte und Taten des Glaubens. Es segne euch Gott, unser himmlischer Vater, durch Jesus, den Christus, seinen Sohn, der unter uns weilt durch seinen guten Geist. Friede sei mit euch von jetzt bis in alle Ewigkeit.

Möge Gott euch segnen, ihr zwei, die ihr vor ihm eins geworden seid.
Möge er euch begleiten auf eurem neuen gemeinsamen Lebensweg.
Möge er euch stets genug an Gütern, Glück und Zufriedenheit schenken,
dass ihr gut leben und mit anderen teilen könnt.
Möge er stets bei euch sein, wenn euer Weg durch die Finsternis des Lebens geht.
Möge er euch beschützen und bewahren.
Und möget ihr ihn selber als Hüter eures Lebens erfahren und ihn preisen.

*Aus England*

Langes Leben und sonnige Tage,
und mögen eure Seelen nicht heimwärts gehen,
ehe euer Kind sich verliebt.

## *Leben in Gemeinschaft*

Möge Gottes Segen mit euch sein,
betet immer zusammen,
und steht immer zusammen,
und liebt eure Nächsten
wie Jesus jeden einzelnen von euch liebt.
Gott segne euch.

*Mutter Teresa M.C. (1910–1997), Ordensgründerin*

Gott, unser Vater, segne uns mit Glauben gegen den Kleinglauben unserer Herzen.
Gott, unser Vater, segne uns mit Hoffnung gegen die Hoffnungslosigkeit dieser Zeit.
Gott, unser Vater, segne uns mit Liebe gegen die Lieblosigkeit dieser Welt.
O Gott, segne uns mit Glaube, Hoffnung, Liebe und lass deine Herrlichkeit in uns sichtbar werden in dieser Zeit und in dieser Welt.

*Aus England*

## *Jubiläum*

Gott schenke euch viele Wege zueinander, er gewähre euch viel Zeit miteinander.
Er fülle eure Tage mit Lachen, und er sei mit euch, auch in euren Traurigkeiten.
Er schenke euch den Mut zur Vergebung und Worte und Taten des Glaubens.
Es segne euch Gott, unser himmlischer Vater, durch Jesus, dem Christus, seinem Sohn, der unter uns weilt, durch seinen guten Geist. Friede sei mit euch von jetzt bis in alle Ewigkeit.

Sollt ich meinem Gott nicht singen?
Sollt ich ihm nicht dankbar sein?
Denn ich seh in allen Dingen,
wie so gut er's mit mir meint.

Ist doch nichts als lauter Lieben,
das sein treues Herze regt,
das ohn Ende hebt und trägt,
die in seinem Dienst sich üben.

Alles Ding währt seine Zeit,
Gottes Lieb in Ewigkeit.

Wie ein Adler sein Gefieder
über seine Jungen streckt,
also hat auch hin und wieder
mich des Höchsten Arm bedeckt,

alsobald im Mutterleibe,
da er mir mein Wesen gab
und das Leben, das ich hab
und noch diese Stunde treibe.

Alles Ding währt seine Zeit,
Gottes Lieb in Ewigkeit.
*Paul Gerhardt (1607–1676), Pfarrer, Lieddichter*

## *Alter*

Da ist eine Zeit zu arbeiten und eine Zeit zu ruhen,
eine Zeit zu pflügen und eine Zeit zu säen,
eine Zeit zu sorgen und eine Zeit zu ernten.
Es gibt eine Zeit für die Lämmer und eine Zeit für das Schlachten, eine Zeit im Stall und eine Zeit für den Markt, und da ist auch eine Zeit, sich sehr danach zu sehnen, dass alles getan ist, und Gott für alles zu danken.
*Aus Irland*

## *Ewigkeit*

Es segne dich Gott, der Vater, der dich nach seinem Bild erschaffen hat. Es segne dich Gott, der Sohn, der dich durch sein Leiden und Sterben erlöst hat. Es segne dich Gott, der Heilige Geist, der dich zum Leben gerufen und geheiligt hat. Gott, der Vater, der Sohn und der Heilige Geist geleite dich in sein Reich. Er sei dir gnädig und gebe dir Frieden und das ewige Leben.

So lassen Sie uns nun diesen Menschen hinausbegleiten zu seiner letzten Ruhestätte. Möge das Licht von Ostern ihm entgegenleuchten.
So lassen Sie uns dieses tun im Vertrauen darauf, dass Gott ein Gott der Lebendigen und Toten ist.
Christus hat dem Tode die Macht genommen in der Nacht von Ostern. Er segne in seiner Gnade und Barmherzigkeit diesen Menschen.
Friede sei mit dir jetzt und auf deinem weiteren Weg durch den Tod hindurch.

# Segen für alle Tage

## *Lebenssegen*

Gott sei dir Anfang und Ende. Er sei dir Führer, damit du den Weg nicht verfehlst. Er sei dir Helfer in Not und in Leid. Er behüte dich vor Stolz und Trägheit. Er lasse dich das Werk vollenden, das du in seinem Namen tust. Und er erwarte deine Seele, wenn deine Zeit auf Erden zu Ende geht.
*Aus Schottland*

Jesus, schenk mir neues Leben.
Hosianna, Halleluja, Amen, Amen.
Mein Gott, segne dieses Leben.
Hosianna, Halleluja, Amen, Amen.
Heiliger Geist, sei in meinem Leben.
Hosianna, Halleluja, Amen, Amen.
Dreieiniger Gott, dein ewiges Leben hast du mir gegeben.
Hosianna, Halleluja, Amen, Amen.
*Aus Westafrika*

Der Vater, der euch zu seinen Kindern berufen hat, segne euch.
Der Sohn, der euch als Brüder und Schwestern angenommen hat, stehe euch bei.
Der Heilige Geist, der euch zu seinem Tempel gemacht hat, bleibe in euch.

Der Herr segne dich.
Er erfülle deine Füße mit Tanz
und deine Arme mit Kraft.
Er erfülle dein Herz mit Zärtlichkeit
und deine Augen mit Lachen.

Er erfülle deine Ohren mit Musik
und deine Nase mit Wohlgerüchen.
Er erfülle deinen Mund mit Jubel
und dein Herz mit Freude.
Er schenke dir immer neu
die Gnade der Wüste:
Stille, frisches Wasser
und neue Hoffnung.
Er gebe uns allen immer neu die Kraft,
der Hoffnung ein Gesicht zu geben.
Es segne dich der Herr.
*Aus Ägypten*

Kraft zum Unterwegssein wünsche ich dir:
Gottes Bestärkung in deinem Leben.
Mut zur Versöhnung wünsche ich dir:
Gottes Wohlwollen in deinem Leben.
Grund zur Hoffnung wünsche ich dir:
Gottes Licht in deinem Leben.
Vertrauen zum Miteinander wünsche ich dir:
Gottes Verheißung, sein Volk zu sein.
Begeisterung zum Aufbruch wünsche ich uns:
Gottes Wegbegleitung und Segen.

Der Herr erhebe sein Angesicht auf dich,
dass du dich sehen lernst,
wie er dich meint,
dass du dich erkennst,
wie du längst erkannt bist,
dass du erhoben wirst,
wo du dich am Boden siehst
und mit erhobenem Haupt
und starkem Rückgrat leben lernst.

So segne dich der große,
der liebende
und begeisternde Gott.
*Karl Ludwig Schmidt (1891–1956), Theologe*

O Herr, nimm mir dieses Herz aus Stein
und gib mir ein menschliches Herz dafür,
ein Herz, um dich zu lieben und zu verehren;
ein Herz, um mich in dir zu freuen;
ein Herz, das dich nachzuahmen
und dir zu gefallen sucht.
So segne mich um Jesu Christi willen.
*Ambrosius von Mailand (339–397), Bischof*

Gott sei in meinem Kopf,
dass ich richtig verstehe.
Gott lenke meine Schritte,
wohin ich auch gehe.
Gott sei in meinen Augen
und bei dem, was ich sehe.
Gott sei mir im Munde
und in dem, was ich sage.
Gott sei mir im Herzen,
wonach ich auch frage.
Gott sei mir am Ende des Lebens nah
und nehme mich zu sich, Halleluja.
*anonym, 16. Jh.*

Wir bitten um den Segen Gottes, des Vaters, dass er uns als seine Kinder annehme und erhalte.
Wir bitten um den Segen Gottes, des Sohnes, dass er uns als seine Geschwister liebe und uns begleite.
Wir bitten um den Segen Gottes, des Heiligen Geistes, dass er uns Mut, Kraft und Einsicht zum Leben gebe.
Amen.

Gott Vater im Himmel,
dein Sohn ist in unserer Mitte gegenwärtig.
Er ist die Hoffnung, die du uns geschenkt hast.
Segne uns und bleibe bei uns mit deinem Geist.
Dir sei die Ehre und der Lobpreis, dir, dem Vater, dem Sohn + und dem Heiligen Geist.

Möge dann und wann deine Seele aufleuchten im Festkleid der Freude.
Möge dann und wann deine Last leicht werden und dein Schritt beschwingt wie im Tanz.
Möge dann und wann ein Lied aufsteigen vom Grunde deines Herzens, das Leben zu grüßen wie die Amsel den Morgen.
Möge dann und wann der Himmel über deine Schwelle treten.

Geht in Frieden, denn ihr seid Gott wichtig! Er handelt mit und durch euch.
Nehmt seine Liebe mit, so wird euer Handeln zu seinem Handeln.
Verlasst euch auf die Kraft Gottes, um Faulheit, Feigheit, Schwäche und Anfechtungen abzuschütteln.
Geht mutig und unverdrossen auf seinem Weg, unter seinem Schutz und mit seinem Segen.
*Aus England*

Nimm dir Zeit, um zu arbeiten –
denn es ist der Preis des Erfolges.
Nimm dir Zeit, um nachzudenken –
es ist die Quelle der Kraft.
Nimm dir Zeit, um zu spielen –
es ist das Geheimnis der Jugend.
Nimm dir Zeit, um zu lesen –
es ist die Grundlage des Wissens.
Nimm dir Zeit, um freundlich zu sein –
es ist das Tor zum Glücklichsein.
Nimm dir Zeit, um zu träumen –
es ist der Weg zu den Sternen.
Nimm dir Zeit, um zu lieben –
es ist die wahre Lebensfreude.
Nimm dir Zeit, um froh zu sein –
es ist die Musik der Seele.

## Die Lebensregel von Baltimore

Geh deinen Weg gelassen und ruhig inmitten des Lärms und der Hast dieser Zeit und erinnere dich, welcher Frieden in der Stille liegt.
Unterhalte gute Beziehungen zu allen Menschen, soweit es dir möglich ist, aber gib dich nicht dabei auf.
Sprich, was du für wahr hältst, ruhig und klar aus und höre auch den anderen zu, gerade den dummen und unwissenden Menschen; auch sie haben ihre Geschichte.
Meide laute und aufdringliche Menschen, sie sind eine Qual für deine Seele. Wenn du dich mit anderen Menschen vergleichst, magst du dir nichtig und verbittert vorkommen; denn immer wird es größere und geringere Menschen geben als dich.
Erfreue dich an deinen Leistungen ebenso wie an deinen Plänen. Halte die Begeisterung für deinen eigenen Beruf wach, so bescheiden er auch sein mag; er ist ein wahrer Besitz in den Wechselfällen der Zeit.
Übe Vorsicht in deinen Geschäften; denn die Welt ist voller Tricks und Kniffe. Aber werde nicht blind für das, was dir an Tugend begegnet; viele Menschen streben nach hohen Idealen; und überall ist das Leben voll stillen Heldentums.
Sei du selbst. Besonders heuchle keine Zuneigung. Äußere dich nicht geringschätzig über die Liebe; denn angesichts aller Dürre und Ernüchterung ist sie beständig wie das Gras.

Nimm den Rat der Jahre freundlich an, indem du anmutig abtrittst, was dich in der Jugend umgab. Nähre die Kraft des Geistes, um gegen plötzliches Unglück gewappnet zu sein. Aber quäle dich nicht mit Wunschbildern. Viele Ängste werden aus Erschöpfung und Einsamkeit geboren.

Darüber hinaus übe dich in gesunder Selbstdisziplin, sei sanftmütig zu dir selbst. Du bist ein Kind der Schöpfung, nicht geringer als die Bäume und Sterne; du hast ein Recht darauf, hier zu sein. Und ob es dir klar ist oder nicht, ohne Zweifel entfaltet sich das Universum so, wie es ihm bestimmt ist.

Daher lebe in Frieden mit Gott, wie immer du ihn dir vorstellst und wie auch immer deine Mühen und Erwartungen sein werden in der lärmenden Verwirrung des Lebens, halte Frieden mit deiner Seele. Trotz all ihres trügerischen Scheins und ihrer Plackerei und ihrer verflüchtigten Träume – es ist doch eine schöne Welt. Sei vorsichtig. Strebe danach, glücklich zu sein.

*St. Pauli Kirche zu Baltimore, 1692,*
*neu übersetzt von Hermann Multhaupt*

## *Haussegen*

Es soll ein Haus des Lebens sein,
ein Haus nicht nur aus Stein und Holz.
Ein Ort geschwisterlicher Liebe.
Es soll ein Haus der Freude sein,
ein Haus nicht nur der Sorgen.
Ein Ort des Lachens und der Gelassenheit.
Es soll ein Haus der Hoffnung sein,
so hoffnungsgrün wie dieser Baum.
Er soll strahlen hoch am First.

Herr, behüte dieses Heim!
Lass die Menschen, die hier verweilen,
liebe, traute Stunden teilen!
Gib Gesundheit, Freude und Glück,
denn das ganze Erdenleben,
das in deine Hand gegeben,
ist ja nur ein Augenblick.

Möge das große Geheimnis dir seine auserwählten Gaben senden.
Mögen Vater Sonne und Mutter Mond ihre mildesten Strahlen über dich ergießen.
Mögen die vier Winde des Himmels sanft über dich dahinwehen und über die, mit denen du dein Herz und dein Haus teilst.

*Segensspruch der Coahuila*

## *Reisesegen*

Die Straßen zu unserem Reiseland sollen uns tragen. Die Schönheiten der Landschaften sollen unsre Herzen weit machen. Alle Menschen in diesem Bus sollen mir Freunde sein. Menschen, die für unser Essen und die Schlafplätze sorgen, sollen unsere Gastbereitschaft spüren. Städte, Plätze und Kirchen sollen uns vertraut werden. Das Meer soll uns die Weite der Erde spüren lassen. Die Berge sollen uns die Schönheit der Erde zeigen. Meine Eltern, Geschwister und Freunde sollen mich in meinem Herzen begleiten.

Hoffnung wünsche ich allen auf dem Pilgerweg, die nach dem Tor des Himmels streben. Mögen alle, die mit Ehrfurcht beten, erhalten, worum sie bitten. Sei in jedem Mund und Herzen gegenwärtig, lieber Vater, die für dich leben und dich mit Lobpreis und Dank bedenken.

Möge dein Weg dir freundlich entgegenkommen,
möge der Wind dir den Rücken stärken.
Möge die Sonne dein Gesicht erhellen
und der Regen um dich her die Felder tränken.
Und bis wir beide, du und ich, uns wiedersehen,
möge Gott dich schützend in seiner Hand halten.
*Aus Irland*

Möge Gott auf dem Weg, den du gehst,
vor dir hereilen.
Das ist mein Wunsch für deine Lebensreise.
Mögest du die hellen Fußstapfen des Glücks finden
und ihnen auf dem ganzen Weg folgen.
*Aus Irland*

## *Segen für die Arbeit*

Deine Hände sollen immer Arbeit finden,
immer soll ein Groschen in deiner Tasche sein,
wenn du ihn brauchst.
Das Sonnenlicht soll auf dein Fenstersims scheinen
und dein Herz voll Gewissheit sein,
dass nach jedem Unwetter ein Regenbogen leuchtet.
Der Tag sei dir günstig und die Nacht dir gnädig.
Die gute Hand eines Freundes soll dich immer halten.
Möge Gott dir das Herz erfüllen mit Frohsinn und Freude.
Und bis wir uns wiedersehen, halte Gott dich schützend in seiner großen Hand.

## *Segen der Natur*

In ihm sei's begonnen,
der Monde und Sonnen
an blauen Gezelten
des Himmels bewegt.

Du, Vater, du rate,
lenke du und wende,
Herr, dir in die Hände
sei Anfang und Ende,
sei alles gelegt.

*Eduard Mörike (1804–1875), Erzähler, Übersetzer*

Segen der Erde mit dir.
Segen des Meeres mit dir.
Segen des Windes mit dir.
Segen der Bäume mit dir.
Segen des Wassers mit dir.
Segen der Felsen mit dir.
Segen der Sterne mit dir.
Siebenfacher Segen
komme über dein Haus
Und über alles, was dir lieb ist.

*Aus Irland*

Gesegnet seiest du, aufblühendes Licht des Ostens. Dein strahlender Glanz aus dem Land des Morgens erweckt meinen Leib zu neuer Kraft.
Taufrischer Wind, ozonblauer Strahl, schenke meiner Seele langen Atem.
Gesegnet seiest du, heißer Wind aus dem Süden. Entflamme die Herzen, die trägen, und meine Seele. Im Schatten der Bäume werde ich das Loblied singen.
Gesegnet seiest du, Horizont der niedergehenden Sonne.
Alles Leben neigt sich im Bogen; neigt vor Gott das Gesicht. Großer, schöner Feuerball, komm wieder in deiner Herrlichkeit.
Gesegnet seiest du, hoher Norden, großes Licht.
Die Sonne der Mitternacht schenke mir Reife.

*Aus Indien*

Gesegnet seiest du, universelle Materie,
grenzenlose Dauer, uferloser Äther –
dreifacher Abgrund der Sterne,
der Atome und der Generationen du, die du,
unsere engen Maße überflutend und auflösend,
uns die Dimensionen Gottes offenbarst.

*Teilhard de Chardin (1881–1955)*

# Segen für schwere Zeiten

## *Sorgen und Not*

Segen des Brotes, das Leben austeilt für alle Hungernden: von diesem Brot nimm ein Stück.
Segen des Weines, der Leiden löscht für alle Weinenden: von diesem Wein trink einen Schluck.
Segen des Kreuzes, das Zukunft ist für alle Scheiternden: an diesem Kreuz trag mit.
Segen der Rose, die Liebe ist für alle Verzweifelten: von dieser Rose lerne leben.
Der Herr, der Mächtige, Ursprung und Vollender aller Dinge, segne dich, er gebe dir Gedeih und Wachstum, Gelingen deinen Hoffnungen, Früchte deiner Mühe, und behüte dich vor allem Argen, sei dir Schutz in Gefahr und Zuflucht in Angst.

Gott ist bei dir. Gott, unser Herr, der dich überall und zu jeder Zeit sieht und hört, schütze dich, wende Sorge und Not von dir ab und lasse dich in seinem Frieden leben.

Komme, was mag. Gott ist mächtig! Wenn unsere Tage verdunkelt sind und unsere Nächte finsterer als tausend Mitternächte, so wollen wir stets daran denken, dass es in der Welt eine große, segnende Kraft gibt, die Gott heißt. Gott kann Wege aus der Ausweglosigkeit zeigen. Er will das dunkle Gestern in ein helles Morgen verwandeln, zuletzt in den leuchtenden Morgen der Ewigkeit.

*Martin Luther King (1929–1968), Baptistenpastor, Bürgerrechtler*

Mit seinem Segen begleite uns Gott: der Vater, der uns das Leben schenkt, der Sohn, der Tod und Angst besiegt hat, der Heilige Geist, der tröstet und aufrichtet.
Mit seinem Segen begleite uns Gott: Er, der Treue und Barmherzige, der Vater und der Sohn und der Heilige Geist.

O Ewiger! Nicht lass ich deine Hand,
die harte, los, bis du mich segnest!
O segne deine Menschheit, Herr!
die leidet, leidet durch des Lebens Gabe!
Vor allem mich, der ich am meisten litt
am Schmerze, nicht der zu sein,
der ich zu sein gewünscht.

*August Strindberg (1849–1912), Schriftsteller*

## *Krankheit*

Jesus hat den Kranken die Hände aufgelegt
und sie gesegnet.
Er halte auch uns in seinen guten Händen
und segne uns.
Er bleibe an unserer Seite, richte uns auf
und schenke uns die Kraft zum Leben.

Der allmächtige Gott erbarme sich unser.
Er gebe uns die Kraft, das Schwere zu bestehen.
Er nehme von uns Angst und Zweifel.
Er stärke diejenigen, die sich um uns mühen.
Er schenke allen, Kranken wie Gesunden, sein Heil.
So segne uns der Vater und der Sohn
und der Heilige Geist.

Auf dem Weg durch das Leben sind wir nicht allein. Gott begleitet uns - er weicht nicht von unserer Seite. In diesem Vertrauen rufen wir seinen Segen auf uns herab:
Gott, der Herr, segne uns.
Er halte seine schützende Hand über uns.
Er rette uns aus Unheil und Not.
Er schenke uns Heil und Frieden.
Gott, der Herr, segne uns,
er, der Vater und der Sohn und der Heilige Geist.

Gott lässt dich nicht allein,
du darfst auf ihn hoffen.
Gott lässt dich nicht allein,
du darfst zu ihm beten.
Gott lässt dich nicht allein,
du darfst ihm vertrauen.
Gott lässt dich nicht allein,
du darfst mit ihm leben.
Gott lässt dich nicht allein,
du darfst mit seinem Segen rechnen.
Gott lässt dich nicht allein,
du darfst anderen Segen zusprechen.

O Gott, dein Segen
und deine Nähe seien mit uns.
Wache du, unser Gott, mit denen,
die wachen oder weinen in dieser Nacht.
Hüte deine Kranken
und lass deine Müden ruhen.
Segne deine Sterbenden,
tröste deine Leidenden,
erbarme dich deiner Betrübten
und sei mit deinen Fröhlichen.
So segne du jeden Einzelnen,
wie er es braucht.

*Augustinus von Hippo (354–430), Bischof*

Alle, die mir jetzt nicht ausweichen,
alle, die mir einmal zulächeln,
alle, die mir ihre Hand reichen,
sie alle sollen gesegnet sein.

Alle, die mich noch immer besuchen,
alle, die Angst haben, etwas Falsches zu sagen,
alle, die trotzdem mit mir reden,
sie alle sollen gesegnet sein.

Alle, die mir erlauben, vom Toten zu sprechen,
alle, die meinen Erinnerungen zuhören,
alle, die meine Trauer teilen,
sie alle sollen gesegnet sein.

## Krankensegen

Vater im Himmel, segne mich in meiner Krankheit. Verfüge über mein Leben und meinen Tod zu deiner Ehre und zu meinem Heil. Du allein weißt, was mir dienlich ist. Du allein bist der Herr, tue, was du willst. Gib mir, nimm mir, aber mache meinen Willen dem deinen gleich.

*Blaise Pascal (1623–1662), Physiker, Philosoph*

# Segen für Versöhnung und Umkehr

## *Versöhnung*

Mögen drei Dinge immer mein Herz leiten: Glaube, Hoffnung und Nächstenliebe. Geduld möge die vierte Tugend sein, lieber Gott, eine große Hilfe für die drei.

Das Licht der Vergebung erhelle uns den Weg
der Baum des Friedens gebe uns den Schatten
die Welle der Liebe trage uns über das Meer
die Kraft der Verwurzelung lasse uns beweglich sein
Gottes Segen fließe durch unsere Hände und Füße,
damit wir, von Gott gesegnet, für andere ein Segen
sind.
Amen.

Der Herr segne uns und unsere Mitmenschen.
Der Herr behüte uns und die, für die wir da sind.
Der Herr lasse sein Angesicht leuchten über uns.
Der Herr sei uns gnädig, dass wir denen vergeben können, die an uns schuldig geworden sind.
Der Herr erhebe sein Angesicht über uns und leite uns in die Zukunft.

## *Umkehr*

Der Herr lasse leuchten sein Angesicht über dir, wie die Sonne über der Erde Wärme gibt dem Erstarrten und Freude gibt dem Lebendigen,
und sei dir gnädig, wenn du verschlossen bist in Schuld,
er löse dich von allem Bösen und mache dich frei.

## *Friede*

Friede sei mit euch, Gott wird euch behüten;
so seid stark im Glauben an ihn.
Friede sei mit euch, Gott wird eure Schuld tilgen;
so behandelt auch andere barmherzig.
Friede sei mit euch, Gott will euch segnen;
so setzt euch für ihn ein und gebt seinen Frieden weiter.

Der Friede Gottes, der höher ist als alle Vernunft,
sei vor euren Augen ein lockendes Ziel,
sei in eurem Herzen eine treibende Kraft,
sei unter euren Füßen ein tragender Grund,
wo immer ihr euch hinwendet.

Geht hin in die Welt, in Abend und Morgen.
Gott, Schöpfer des Lichtes,
segne euch und alle Menschen
und alles, was den Hauch des Lebens
in sich trägt.
Gott segne euch im Lauf der aufgehenden Sonne
rund um die Erde.
Sei du der Morgenstern, der über Australien wacht;
die Morgensonne, die über Asien aufgeht;
die Sonne der Gerechtigkeit,
die für Afrika neuen Segen bringt;
die Morgenröte, die über Europa erstrahlt;
das Sonnenlicht, das sich über die Weiten
Süd- und Nordamerikas verschenkt.
Gott segne euch und behüte euch.
Gott sorge für euch.
Gott bewahre euch
und erfülle euer Leben mit Liebe.
*Aus dem Christus-Pavillon auf der EXPO 2000 in Hannover*

Der größte Teil der hier gesammelten Gebete und Segenswünsche ist in verschiedenen Fassungen innerhalb mehrerer Textansammlungen vertreten. Ein kleinerer Teil der Texte ist Allgemeingut der Christenheit, teilweise mündlich, teilweise in verschiedenen Gebetssammlungen in unterschiedlichen Versionen zu finden.

Wir haben uns bemüht, alle Inhaber von Textrechten in Erfahrung zu bringen. Für zusätzliche Hinweise sind wir dankbar.

Folgende Quellen wurden zur Erstellung des Buches herangezogen:

Einiger, Christoph/Waldemar, Charles, Die schönsten Gebete der Welt, Comoran in der Südwest Verlag GmbH, München
Gebete für das ganze Leben, St. Benno-Verlag, Leipzig
Gebete für den Alltag, Bechtermünz Verlag, Augsburg
Gotteslob, Katholisches Gebet- und Gesangbuch
Josef Gülden, In den Tagen der Hoffnung, St. Benno-Verlag, Leipzig
Josef Gülden, Lehre uns beten, St. Benno-Verlag, Leipzig
Hunold/Mondschein, Unsere Heiligen, St. Benno-Verlag, Leipzig
Laudate, Gebet- und Gesangbuch für das Bistum Meißen